萩野貞樹

旧かなづかひで書く日本語

幻冬舎新書
048

はじめに

習ひ事などでいちばんの基本、初歩の部分を「いろは」と言ふことがありますね。ピアノでも英会話でもなんでもさうですが、「それがピアノのイロハなんだよ」「英会話のイロハはそれだね」なんて言ふ。要するに最も基礎的な部分で、まづそれは知らなくてはならない。

ところでその「いろは」といふのは、言ふまでもなくあの「いろは歌」のことで、手習ひの基本です。以前は小学校二年生用の国語教科書に出てゐました。ただの仮名一覧ではなく意味のある歌の文句です。

色は匂へど散りぬるを　我が世たれぞ常ならむ
有為の奥山今日越えて　浅き夢見じ酔ひもせず

といふわけです。これはもともと皆が知つてゐて、風呂屋のゲタ箱の札もこの「いろは順」でした。字引の配列も「いろは順」でした。千年にわたつて私たちの知識のいちばんの基礎だつたこの「いろは歌」は、もちろん旧かな、歴史的仮名遣(かなづかひ)でできてゐます。

　これを忘れてしまふのは、どうもご先祖に対して申しわけない、といふ感じを私などは持つてゐますが、この感覚をいくらかでも共有する人に、この本は手にとつてもらへれば幸ひです。

　そして旧かなをひと通り覚えてもらつたら、あとはミスを恐れず自由に使ひこなしてもらひたい。

　今はケータイのメール通信などが盛んですが、あれは表現を的確・簡潔にするといふのがその大きな働きのはずで、顔文字などはその工夫の一つではないでせうか。

　しかし旧かなはケータイに負けませんよ。

早い話が例へば、「きょう会いましょう」と九字のものは旧かなだと「けふ会ひませう」と七字になる。

　恋人とは昨夜会つたばかりなのに今朝はもう会ひたくてたまらないといふ時には、例へば、さやう、

「きのふのゆふべ」です

とでも送ればいい。あるいは「けふのあしたに」でもいい。これを送つただけで、万葉集の歌、

たまさかにきのふのゆふべ見しものをけふのあしたに恋ふべきものか

といふ歌の心を全部送つたことになります。

あるいはまた、空を見やりつつつらい思ひであなたを思つてゐるよ、と言ひたい時には、

私、「おほぞら」なの

と送る。さすれば古今集、

おほぞらはこひしき人の形見かは物思ふごとにながめらるらむ

と痛切の思ひをそつくり送ることができる……。

イヤイヤ、ちよつとシャレ過ぎました。ここまでしなくても、少し旧かなの歌の文句なんか使つてみるのはいいのではありませんか。すなはち、富士に月見草ではありませんが、

メールに旧かなはよく似合ふ

のです。

もちろん日記に手紙、和歌・俳句、エッセー、論文、報告書、何にでも似合ひます。新かなは使へないものがたくさんあるけれど、旧かな、歴史的仮名遣の場合はそんな心配は

全くありません。まことに気楽で便利なものです。

では、本文へどうぞ。

第二章 声に出しておぼえる活用 71

第一章 今日から使へる旧かなづかひ

なつかしく慕はしい旧かな

次の短い文章を声に出して読んでみてください。

一匹は目に、一匹は口に、一匹は耳に手をあててゐます。見ざる、いはざる、聞かざるといふのださうです。

私は大学のある教室でこれを学生に読ませてみました。もちろん何の問題もなくすらすらと読みました。なにしろ小学校三年生、満八歳の子ども用の文章です。読めないわけはない。

今度は別の教室で、次のやうに事前に注意してみた。

——さ、読んでみなさい。ただしこれは歴史的仮名遣で書かれてゐます。今はふつう使はれてゐない昔の仮名遣です。戦前の国定教科書から持ってきたもので、当然旧かなの文章です。現代仮名遣とは大いに違ってゐるからよく注意して読むのですよ——

親切な指導ですね。ところが不思議なことに、こんどはさつぱり読めない。あちこちで引つかかる。

何も注意を与へなかつたクラスではすらすら読んだのに、親切な注意を受けた学生は読めなくなる。何も言はれなければ仮名遣なんかまつたく気にもせず中身を読みこなす。要するに、歴史的仮名遣は若者にとつて本当は何の抵抗でもないわけです。

実際、世間で出てゐる小説類などでも、例へば教科書で漱石の『こゝろ』を習つて興味がひかれて、全文を読んでみようと図書館で全集を借りて読んだとすると、それはいはゆる旧かなで書かれてゐるわけですが、そのことにたいていの人は気がつかない。何気なく読んでしまつてゐる。つまり、みな何となく身についてゐるわけです。特に習つたわけでもないのにわかつてゐる。

旧かな、歴史的仮名遣の文章などは、ごく自然にゆつたり構へて向へば、ちつとも難しいものではない。歴史的仮名遣といふのは、文字通り歴史的に形成され整備されてきたものですから、不自然なところ、無理なところがありません。お母さんのやうなもので、特に理屈はないけれどもとにかくなつかしく慕はしく感じてゐるといつたものです。ごつごつとした手触りは全然なく、あくまでやさしく柔らかく、なめらかだといふ種類のものです。まつたく「お母さん」ぢやありませんか。

四歳、五歳の子どもでもすらすら読める

私は以前、石井公一郎氏と一緒に『小学校国語副読本』(ＰＨＰ研究所)といふ本を作りました。そこで小学一年生用の教材として次のものを採用しました。題は「さくらさくら」です。

さくら　さくら
やよひの空は
見わたすかぎり
かすみか雲か
にほひぞ出(い)づる
いざや　いざや
見にゆかん

そして私は指導者向けに次のやうなコメントをつけておきました。

この詩は文語詩ですから当然歴史的仮名遣です。音読を繰り返し、曲も聴いて暗誦するころには、この表記にもすつかり慣れることができるでせう。仮名遣に特に注意を向けさせる必要はありません。

これは小学校一年生用ですよ。わざわざ、仮名遣には注意を向けさせない方がよいと指摘しておいたのは、字にとらはれて読めなくなるからです。文字は口で音読するための手懸りにすぎない、といふくらゐでいい。さうすれば自然に身について、「にほひぞ出づる」などはいかにも日本語らしい、やさしい発音すらできるやうになる。よいことばかりです。

ちなみに私は学齢前の四歳、五歳といふ子どもたちに実際にこの詩を与へて、一緒に声をそろへて読み上げるといふことを何度もしてゐます。

実によくおぼえてくれる。まさに感動ものです。そこで私は図に乗つて、

花たちばなも匂（にほ）ふなり
軒（のき）のあやめも薫（かを）るなり
夕暮（ゆふぐれ）さまのさみだれに
山ほととぎす名乗（なの）るなり

といふ慈鎮和尚の歌謡だの、

春の小川はさらさら流る
岸のすみれや蓮華（れんげ）の花に
にほひめでたく色うつくしく
咲けよさけよとささやくごとく

といふ高野辰之の唱歌などを与へて同じことをやつてみた。簡単におぼえてしまつて、漢字もこの字面通りのものを見ながら四五歳（しごさい）の幼児が元気に読み上げるのです。何ともあつけないほどのものです。

私もしつこく言ひますが、この際、かなについてこの「ひ」はイと読むのよなどとは絶対に言つてはいけない。なにしろ学齢前、「ひ」をヒと読むことだつてやつと知つたばかりなのです。まして「蓮華」といふ漢字はむづかしいからかなにしようとか、わたしだつて書けないわとか、そんなつまらないことは考へないこと。

そのやうにして与へると子どもは見事におぼえる。だから私たちも、気持を素直にしてゆつたりと構へればそもそも難儀なわけはありません。

思ひ立つたら今日から使へる

この本は、みんなで一緒に旧かなをおぼえて使ひませうといふ趣旨のものですから、もう読者の皆さんにはバレてゐるやうに、皆さんにはあまり難解感を持つてもらひたくない、むづかしいものと思はれたくない、といふわけで子どもの例などを出してゐるわけですが、しかし実際大したことはないのですよ。歴史的仮名遣を使ふのだと思ひ立つたら今日からでもできます。

作家の丸谷才一さんは断乎歴史的仮名遣は守るべしとする立場の人ですが、だれだつて二週間もあれば慣れることができるとどこかに書いてをられる。しかしそれはほぼ完全に使ひこなすことができるといふレベルの話でせう。

旧かなと言つてもこれは日本語といふ一大言語のスペリングの話ですから、完全といふことはどうせ一生かかつてもないことです。いつだつたかアメリカのクエール副大統領が、トマトだかポテトだかのスペルを間違へたといふことで話題になつたことがありましたが、ああいふ人でもそんなものです。私などはしよつちゆう間違へる。毎日辞書を引いてゐます。そんなわけで完全といふことはないのですが、ほぼ大丈夫といふ程度なら思ひ立つた日から使ふことができるのは間違ひありません。

新たにおぼえることなどは極くわづかなものです。例へば「見ている」とか「立っている」とかの「いる」は歴史的仮名遣では「ゐる」であること。これをおぼえただけで、ほぼ三割はできたことになります。また「思う」「思わない」の「おもう」といふ動詞はハ行動詞といつて、

思はない　思ひます　思ふ　思へ

といふ具合にハ行の文字を使ふこと、この二種類をおぼえただけで七八割はできてしまふ。

その一つの証拠になるかと思ふのですが、ここに谷崎潤一郎が昭和六年に書いた小説がある。『吉野葛』です。私の手元にある昭和二十六年刊の新潮文庫、当然旧かなで出版さ

れてゐます。

今出てゐる新潮文庫は書き換へられてゐますよ。谷崎の原文ではありません。新潮だけぢやない、文庫本は今は全部さうです。昭和四十年代ごろから各社競ふやうに書き換へました。改変『吉野葛』はもちろん谷崎の「作品」ではありません。改竄（かいざん）本であり偽装本です。なにしろ谷崎は今文庫本で出てゐるやうな文章は、

書かなかつた

のですから。

さてその、私の持つてゐる原文版の文庫本『吉野葛』の第二ページ、六百八十字分のうち、現代仮名遣と異なる文字がいくつあるか数へてみました。

十七字でした。

「抱いてゐた」とあれば現代仮名遣の「抱いていた」と較べると「ゐ」が新かなと違ふので一つと数へる。「云ふ」とあれば「ふ」が新かなと違ふのでまた一つと数へる。かうして数へて十七字でした。つまり、旧かなが新かなと違ふのは六百八十分の十七。

その十七字のうち「ゐる」とハ行動詞を数へたら十四字でした。

つまり、旧かなが新かなと違ふ表記であるもの十七字のうち八割あまりは、「ゐる」と

ハ行動詞だけで解決してしまふわけです。

ハ行と「ゐる」が使へれば八割完成

いや、あれこれごちやごちや言はずに、そのモノ、ホンモノを示してみませう。最初が「と鏡とは取り返されたが」となつてゐますがこれは第二ページだからで、そのすぐ前は「此の時、討手の追撃を受けて宮は自害し給ひ、神器のうち宝剣」となつてゐます。さて第二ページはこんな文章です。漢字はここでは仮に新字体にして掲げてみます。振りがなどは原文の通りです。

（此の時、討手の追撃を受けて宮は自害し給ひ、神器のうち宝剣）と鏡とは取り返されたが、神璽のみは南朝方の手に残つたので、楠氏越智（をち）氏の一族等は更に宮の御子お二方を奉じて義兵を挙げ、伊勢から紀井、紀井から大和と、次第に北朝軍の手の届かない奥吉野の山間僻地へ逃れ、一の宮を自天王と崇め、二の宮を征夷大将軍に仰いで、年号を天靖と改元し、容易に敵の窺**ひ**知り得ない峡谷の間に六十有餘年も神璽を擁して**ゐ**たと云**ふ**。それが赤松家の遺臣に欺かれて、お二方の宮は討たれ給ひ、遂に全く大覚寺統のおん末の絶えさせられたのが長禄元年十二月であるから、もしそれ迄を通算すると、延元元年から元中九年までが五十七年、それから長禄元年までが六十五年、実に百二十二年ものあひだ、兎も角も南朝の流れを酌み給ふお方が吉野におはして、京方に対抗されたのである。遠い先祖から南朝方に無二のお味方を申し、南朝びいきの伝統を受け継いで来た吉野の住民が、南朝と云へば此の自天王までを数へ、「五十有餘年ではありません、百年以上もつゞいたのです」と、今でも固く主張するのに無理はないが、私も嘗て少年時代に太平記を愛読した機縁から南朝の秘史に興味を感じ、此の自天王の御事蹟を中心に歴史小説を組み立てゝみたい、――と、さう云ふ計画を早くから抱いてゐた。

川上の荘の口碑を集めた或る書物に依ると、南朝の遺臣等は一時北朝方の襲撃を恐れて、今の大臺ヶ原山の麓の入(しほ)の波(は)から、伊勢の国境大杉谷の方へ這入つた人跡稀な行き留まりの山奥、三(さん)の公谷(こだに)と云ふ渓合ひに移り、そこに王の御殿を建て、神璽はとある岩窟の中に匿してゐたと云ふ。又、上月記、赤松記等の記す所では、豫め偽つて南帝に降つてゐた間嶋彦太郎以下三十人の赤松かういふ文章です。

漢字は新字体で示すと言ひながら「餘」の字を「余」ではなく原文通り正字体の「餘」としたのは、「餘」は「あまり」の意味、「余」は「われ」の意味で、餘と余はもともと別の意味の漢字だからです。同様に「あらかじめ」を「予」ではなく「豫」の字にしてあるのは、やはり豫と予がもともと別字だからです。「臺」と「台」も同様の事情です。

漢字についてかういふことはいろいろあつて、新字体には気をつけないといけない。今書店に出てゐる文庫本はほとんど全部、かうした書き換へ文書ですから実にわかりにくいことがある。時には別の意味になることもある。したがつて本書も正字で印刷するのが本当ですが、正字はまた別のページ、あるいは別の機会にまとめておぼえることにしてここではちよつとした妥協をしました。

ところで話は仮名遣のことでした。

この仮名遣についても同じことが言へます。旧かなの文章を機械的に新かなに書き換へてゐますから意味が取りにくいことがある。時には全く解読不能となることがあつて、その実例はあとで現在の改竄版『吉野葛』ほかからいくつかを示してみませう。

さて引用本文で、太字にしてあるのが新かなと違ふ文字です。全部で十七例ですが、ハ行動詞関連と「ゐる」、「その他」とに分けてまとめてみます。

［ハ行動詞］
窺**ひ**知り得ない　と云**ふ**　討たれ給**ひ**　流れを酌み給**ふ**　南朝と云**へ**ば
自天王までを数**へ**　さう云**ふ**　三の公谷と云**ふ**　渓合**ひ**に移り　と云**ふ**

［ゐる］
擁して**ゐ**た　抱いて**ゐ**た　匿して**ゐ**た　降って**ゐ**た

［その他］
百二十二年ものあ**ひ**だ
吉野にお**は**して
さう云ふ

これを見ると、ハ行動詞と「ゐる」をおぼえただけで旧かなは八割完成といふ私の極端な言ひ方が、あながちホラでもないことがわかると思ひます。「云ふ」といふ言葉が何度も出てくるし「ゐる」も何度も出るのでこれを一つにまとめれば、この十七の例は、

窺**ひ**知り得ない
と云**ふ**
討たれ給**ひ**
自天王までを数**へ**
渓合**ひ**に移り
擁して**ゐ**た

それとあと三つの「その他」だけとなります。つまりは九例です。六百八十分の九。一・三パーセントほどの文字に注意すればこの谷崎の文章は私たちでも書けるのだといふ計算になります。私がしつこく旧かなはべつに難しいものではないと言つてゐるのはこんなところからもわかつてもらへるのではないでせうか。

見るとにかく目立つのはハ行ですね。「はひふへ」が多い。また極端なことを言へば旧かなといふのはハ行を使ふことだ、と言つてもよささうです。

ところでここでは「渓合ひ」の「合ひ」を動詞としましたが、この語は本来は「谷間（たにあひ）」、つまり名詞です。ただ谷崎は動詞の意識でこの文字遣をしてゐるやうなので、ここでは仮に動詞として扱ひます。

まづは八行四段活用を覚えよう

ここで早速ながら、右に出てきたものについてざつと解説しておきます。

まづハ行動詞。

「窺ひ」とある。「うかがひ」。

これは**ハ行四段活用**の動詞といつて「云(い)ふ」と同じ形式のものですから、こつちが語形が短いので「いふ」で見てみます。

動詞は使ひ方、続き方によつてある型に従つて形を変へますが、その現象を「活用」といひます。その型は「いふ」の場合「ハ行四段活用」と名づけられますが、それは次のやうなことです。

	未然形	連用形	終止形	連体形	仮定形	命令形
いふ	**いは**ナイ	**いひ**マス	**いふ**	**いふ**トキ	**いへ**バ	**いへ**

いちばん上の「いは」の形は未然形ですが、「未然」の意味は文字通り「未(いま)だ然(しか)らず」

といふことで、まださうなつてゐないといふことです。「言はない」と言へばたしかに「未だ」言つてゐない。そんなことから名づけられた名称です。

　これから言ふことにしよう、といふのは「**言は**む」→「**言は**う」ですから、「未然」でもあり、また「将（まさ）に然るべし」でもある。そこで江戸後期の国学者東条義門（ぎもん）などはこれを「**将然言**」と名づけてゐます。これも合理的な名づけです。

　次の**連用形**といふのは、これも文字通り「用言に連なる」ことから来た名称です。「言ひつのる」「言ひ負かす」「言ひづらい」などとつなぐことができる語形で、「つのる」「負かす」「つらい」など、動詞、形容詞といつた「用」言に「連」なりますから、「連用」形です。「言ひます」「言ひたり」「言ひけり」などと助動詞にも続く。助動詞も語形変化（活用）を起す語ですから、これを含めて用言と言ふことがある。連用形はこれも含めて「用言に連なる」形といふことです。

「**終止形**」はその名の通り「言ひ切り」の形です。

「**連体形**」は「体言に連なる」ので連体形です。体言といふのは要するに名詞のことです。「机」とか「富士山」とかいふのが名詞ですが、「あなた」だの「それ」だのといふ代名詞も含めて体言といふわけです。連体形はそれに連なる形です。

次の「**仮定形**」は、「言へば」の形が仮定の条件をつけて次に続くものですから仮定形です。「言へば、わかるかもしれない」といふふうに使ふ。

「**命令形**」は命令の形。

さて「いふ」についてこの未然・連用・終止・連体・仮定・命令の六つを取り出して並べると、

い**は**　い**ひ**　い**ふ**　い**ふ**　い**へ**　い**へ**

となる。

これを見ると、どの形でも全く変化してゐない部分がある。「い」です。これは動かないから木で言へば幹である、といふわけでこれを**語幹**といひます。

その語幹の後ろには働きによつてひらひらと枝葉のやうに動く部分がある。

は　ひ　ふ　ふ　へ　へ

です。これを、活用変化するときに揺れ動く部分だといふので**活用語尾**といひます。

この活用語尾がどのやうな型を持つてゐるかによつて**活用の種類**を分けます。

「いふ」の場合は「はひふふへへ」、つまり五十音ハ行

は　ひ　ふ　へ　ほ

のうち太字の「はひふへ」の四段にわたつてゐるのでこれを「四段活用」といひます。すなはち、

ハ行四段活用

といふわけです。

「いふ」がハ行の四段活用だといふのは要するにかういふ意味です。

外国人に教へるなら旧かなを

ところでこの活用語尾ですが、これは**五十音図**の一行の中に必ず納まります。ハ行は「はひふへほ」ですが、ここからよそに外れることは決してない。ア行に飛んだりワ行によろめいたりすることはない。他の動詞でも同じで、ヤ行ならヤ行、ラ行ならラ行と決つてゐて他にぶれない。これがいはゆる旧かなのきれいなところで、新かなではかうはいきません。

「いふ（いう）」の例で言へば、新かなだと、

い**わ**　い**い**　い**う**　い**う**　い**え**　い**え**
い**お**

となつて、ワ行・ア行に飛んだり跳ねたりする。
旧かなの活用語尾をちよつとローマ字で書いてみませう。

ha hi hu hu he he

hがみごとに並びます。きれいなものです。新かなだと、

wa i u u e e

o

となる。これが戦後になつて人工的に手を加へた結果の活用形式です。どうもあまりきれいでない。濁つてゐる。

ちよつと余談ですが、澤柳大五郎さん、あの成城大学の設立などに功績のあつたギリシア美術史の大家ですが、この人が昭和三十八年、國語問題協議會といふ私も関係してゐる団体主催の講演会で面白いことを言つてをられる。日本語を学ぶ多くの外国人から、新かなはおぼえにくい、歴史的仮名遣の方がはるかによくわかるといふ話を聞くといふのです。

澤柳さんは、「何も日本語のことを言ふのに外人の意見を聞かなくともいいのですけれども、少なくとも外人は日本語に愛着なんかないはずで、やさしければやさしい程いいわけです。それなのに外国の人が新仮名といふのはどうも覚えにくい、旧仮名の方が覚えや

すいと言ふ」と言ひながらいろいろなことを話してをられる。

私自身も短い間でしたが外国人に日本語を教へたことがあつて、ha hi hu hu he he 式でやつてみた。実によく覚えてくれてあつけないやうなものでした。動詞の活用といふのは外国語を習ふときにはまことに難儀な壁なのですが、旧かなで示すことでこの壁を取り払つてしまへば、あとはもう楽なものです。

言ふまでもなくどうしてこれが楽かといへば、歴史的仮名遣は長い歴史の試練錬磨を経て自然に成立してきたものですから、一切不自然な所がなく整然としてゐるからにほかなりません。

新かなで書いた現代日本語といへば私たちにはやさしいものと思ひがちですが、なかなかさうでもない。仮名遣はあくまで文字の論理に従ふものですが、その文字面で整頓されてゐるならわれわれにも納得しやすいのは当然のことです。

新かなは原則として現代語音に従ふことになつてゐます。すると、実際の「音」についての自省が非常に厳しいものになつてくる。これは学習途上の外国人にできるわけはなく、われわれ日本人にとつてもたいへんです。いちいち自分の発音がどうなつてゐるか反省し確認する作業が必要となる。しかも確認したからといつて、それによる表記が正しいかど

うかは全くわからない、といふ事態が生じます。例へば、

ユー（言ふ）

ユー（結ふ）

などの発音をしつかりと自省して、これは同音だと結論して「言」の方を「ゆう」あるいは「ゆー」と書いたとすればこれは現代仮名遣としても誤りとなる。発音に注意したのが全く無駄になります。

通る　トール

父さん　トーサン

などでも発音の反省によつて「正しい新かな」にたどりつくことは不可能なのです。すなはち「現代仮名遣い」の表記法は、原理的に成り立たない。

また、発音といふことになれば地域による決定的な違ひが出る。方言や訛（なまり）といふことではなく、例へば、

胡瓜　キューリ

黄瓜　キウリ

のやうに、語源意識を働かせてゐるかどうかによる発音の変異です。どつちを「正しい」

とするのか。

仮名遣といふのは繰り返すやうに文字表記の問題なのですから、そもそも発音主義といふものははじめから成り立たない、ナンセンスだといふことです。

文語と口語を分けるのは滑稽

さてそんなわけで『吉野葛』の「いふ」はハ行四段である。
言はない、言ひます、言ふ、言ふとき、言へば、言へ
とやればいい。同様に、
窺はない、窺ひます、窺ふ、窺ふとき、窺へば、窺へ
給はず、給ひて、給ふ、給ふとき、給へば、給へ
とやればいい。「渓合ひに移り」の「渓合ひ」は渓(たに)と動詞「合ひ」とが一緒になつたものと扱って動詞「合ひ」で考へる。
合はない、合ひます、合ふ、合ふとき、合へば、合へ
とこれでいい。まことにもつて楽なものです。
右「給ふ」について「給はない」「給ひます」といふ句例を出さなかつたのは、「給ふ」

は『吉野葛』のやうな現代小説にも普通に出てくる言葉ではあるけれどもやはり古風ですから、ここは古風に「給はず」といふ文語を使つた例句にしてみたわけです。連用形の例句も「給ひます」ではなく「給ひて」としました。

「給はない」とやればいかにも取つて附けたやうなぎこちない言ひ方になるのですが、「ない」の方も古語にして「給はず」とやつてしまふと、興味深いことにかへつて現代語として生き返る。また『吉野葛』にあるやうに「討たれ給ひ」と連用中止形にすると現代語として違和感がなくなる。

「給ふ」はさういふ意味で文語と口語の中間点にある言葉です。かういふものはほかにもいつぱいあります。「せ」などもさうです。

口語動詞「する」は、

しナイ　**し**マス　**する**　**する**トキ　**すれ**バ　**しろ**

といふ活用です。ちよつと変つた変化なので「サ行変格活用」といひますが、これの文語は、

せズ　**し**タリ　**す**　**する**トキ　**すれ**バ　**せよ**

です。未然形は「せ」である。そこで打消は「せず」となる。これは文語であり古語です

から、現代語では消えてゐるかと思ふとそんなことはありません。

口出し**せず**にはゐられなかつた

入院**せず**に済みさうだよ

あへて上告**せず**

といふ具合に現代語としてもまだ生きてゐます。このやうに現代語の文脈でもよく出てくるので、口語に繰り込んで説明もされますが、要するに現代に残る文語の名残であり、つまりは中間点にあるわけです。こんな次第で「せず」は本来古語ですから少し現代風にしようかと「せない」などとやると、はなはだ不自然になる。「給はない」が不自然なのと同様なわけです。

この「せない」といふのは、「これに氏は承服せない」などと例へば斎藤茂吉などは書いてゐますし、全くダメといふことはないのですが現在推奨するやうなものでもないでせう。

そんなこんなで「給はず」と掲げたのですが、ここでちよつと考へておきたいのは、この「給ふ」にしても「せ」にしても、また「ず」などにしても文語か口語かは決められないといふことです。言ひ換へれば、「現代口語には現代仮名遣」といふ原則が成り立たない。

「する」意味の古語「す」などはいま示したやうに命令形は「せよ」です。これは文語である。古語である。ところが数学の試験では、

次の等式が成り立つことを証明**せよ**

と言ひます。「証明**しろ**」とは言はない。古語の名残「せよ」を使ふ。

おもしろいのは、そんな試験を受けるやうな生徒の中に、「証明しろなら意味がわかるけれども、証明せよなんて古語を使はれたのでは問題の意味が読み取れない」といふ生徒は**絶対に存在しない**、といふことです。つまりは全く同等の現代日本語だ。

一般世間でも「言はずもがなのことだ」と言ひ「思ひきや」と言ひ「汝姦淫するなかれ」と言ふ。「会計課長を命ず」と言ひ「天高く馬肥ゆる秋」と言ひ「さもありなん」などと言ふ。「思ひきや」の件ほか、後でもいろいろ触れようと思ひますが、要するに文語・口語の区別などはない。

『有楽町で逢ひませう』は文語だつた

昭和三十三年のヒット曲ですからだいぶ昔ですが、『有楽町で逢ひませう』といふ歌が

ありました。現代仮名遣施行後十二三年経つてゐましたから新かなで『有楽町で逢いましょう』といふ題になつてゐました。昔とは言ひましたがべつに古文・文語の歌ぢやない。現代歌謡です。フランク永井の低音が魅力でした。佐伯孝夫作詞、吉田正作曲。旧かなで掲げてみませう。

あなたを待てば雨が降る
濡れて来ぬかと気にかかる
ああ　ビルのほとりのティールーム
雨も愛しや唄つてる
甘いブルース
あなたと私の合言葉
「有楽町で逢ひませう」

当時たいていの人が口ずさむことのできた歌詞です。そしてここには文語的表現が結構豊富に含まれる。

まづ、「あなたを待てば」を挙げませう。これは口語に似てゐますが文語です。

この句の意味は文脈上、「あなたを待つてゐたところ」といふことでせう。「もし待つならば雨が降るだらう」といふ意味ではない。ところが「待て」は口語なら「待つ」といふ動詞の仮定形のはずで、「待てば」は「もし待つならば」の意味となるはずです。ところがならない。

なぜそんなことが起るかといふと、これは実は文語「待つ」の已然形「待て」だからです。少なくともその響き・要素が残つてゐる。文語文法で習ふ「待てば」は、「待つ」といふ動作はすでに実現してゐて、それを前提として次の記述に備へる表現形態であつて、決して仮定条件を表すものではない。仮定なら文語では「待たば」です。

文語・口語どちらにも「待てば」といふ語形は現れるわけですが、文語なら已然形、口語なら仮定形であることに注意してください。並べてみれば、

［口語］

未然	連用	終止	連体	**仮定**	命令
待たナイ	待ちマス	待つ	待つトキ	**待てバ**	待て

［文語］

未然	連用	終止	連体	**已然**	命令
待たバ	待ちタリ	待つ	待つトキ	**待て**バ	待て

といふ形です。

已然形といふのは、ある動作が「已(すで)に」「已(や)み」あるいは「已(をは)つて」ゐることを表すので「已然形」と名づけられたものです。

すなはち「あなたを待てば」は文語である。

もちろんいはゆる口語文法でもこの現象は説明されることがあつて、例へば次の文、

それにお前の様子を**見れ**（口語、仮定形）ば、どうも島へ往くのを苦にしてはゐないやうだ。（森鷗外『高瀬舟』）

この「見れば」では「見る」動作は仮定されてゐるのではなく、すでに行はれてゐるやうです。これをとらへて口語文法でも、「ある条件はすでに整つたことを示す用法もある」といふふうに説明されるわけですが、これはなんのことはない、文語・古語の用法が今に残つてゐることをいはば追認して言つてゐるのにすぎません。現代語固有の現象ではない。

やはり「あなたを待てば」は文語だといふことになります。

あ、ところで私は今、「いはば追認して」と言ひました。この「いはば」は「いふ」の未然形に「ば」が附いた形で完全に仮定条件を表してゐる。つまり完全な文語であり古語です。それが現代に生きてゐるわけです。「いはば」は、「もし仮に言葉にして言ふとするならば」といふ意味ですから、現代語なら「いへば」となるはずなのです。「例へば」も文語ですよ。口語なら「例へれば」です。

さて次、「濡れて来ぬかと」。

この「ぬ」といふのは文語の打消の助動詞といはれる「ず」の連体形です。百人一首に、

こぬ人をまつほの浦の夕なぎにやくやもしほの身もこがれつゝ

といふ藤原定家（ふぢはらのていか）の歌がある。その「ぬ」です。全くの古語ですね。現代口語なら「濡れて来ぬかと」は「濡れて来ないかと」となります。

次「雨も愛しや」、これも文語です。

この「や」は間投の助詞、詠嘆の助詞で古語です。おなじみ幽霊の「うらめしや」。幽霊は古い言葉を使ふのです。また松尾芭蕉（まつをばせう）、

京にても京なつかしやほととぎす

の「や」です。現代口語ではありません。フランク永井『有楽町で逢ひませう』はいはば

文語詩だつたわけです。

ところが皆知るやうにこの歌は多くの大衆の心をとらへて愛唱歌となりました。歌詞が古語だから難しいと言つた人は天下に一人もないでせう。古語にして現代語であつた。言ひ換へれば、現代に生きる古来の日本語が『有楽町で逢ひませう』であつた――。

現代語も旧かなで書くのが正しい理由

あれこれしつこく言つてゐるのは、そもそも文語と現代口語を分けるなどといふことはできないことをここでは言ひたいためです。文語・現代語を分けることができないならば「現代仮名遣い」といふものはあり得ない、あつてはならない、といふことになる。

これは乱暴な話のやうで実はちつとも乱暴ぢやない。

いはゆる新かなといふのは、昭和六十一年七月一日の内閣告示第一号による仮名遣法をいふのですが、その基本方針を語る「前書き」に次のやうにあります。

この仮名遣いは、主として現代文のうち口語体のものに適用する。原文の仮名遣いによる必要のあるもの、固有名詞などでこれによりがたいものは除く。

これが基本です。もともと新かなは、昭和二十一年十一月十六日の内閣告示第三十三号で公布された「現代かなづかい」が基なのですが、そこにも「現代語をかなで書きあらわす場合の準則」とありました。

これを見ればわかるやうに、新かなは現代口語に適用するものといふ、はつきりした制限が設けられてゐます。文語・古語には適用されません。もし使へばそれは「現代仮名遣い」法に対する明白な違反です。

つまり、そのやうに適用範囲を明確に定めなければそもそも新かなは使ひやうがない。そこで例へば、「雨も愛しや」だの「討たれ給ひ」だのといふものを見るとこれは文語である。したがつて当然「現代仮名遣い」は適用できません。ところが一方、いろいろ見てきたやうにこれらは現代口語としても通常用ゐられるものです。となれば、現代口語もまた旧かなで書くのが正しい、といふ理屈になります。

いま挙げた「愛しや」などは新かなも旧かなもかなで書けば「いとしや」だし、結果的に相違はなくなつてゐますが、例へば「いとほしや君が影」とでも言へばこれは違つてくる。旧かなで書くしかない。

私はほかの場所で次のやうなことを言つて説明したことがあります。

「郷に入つては郷に従へだ。アムステルダムくんだりで東京風を吹かすんぢやねえぞ」なんて言へばこれは現代話し言葉ですね。まさか古文ではない。ところが「入る」といふのは今は使はれなくなつたはずの文語で、現代では「はひる」と言ひます。そして「入つては」は「入りては」の音便形といはれるものです。

要するに現代語でありかつ古語である。どちらかに決めつけるわけにはいかない。しかしとにかく「入つては」は文語には違ひないので旧かなで書くしかない。「入つては」だけなら新かなも同形だけれども、「郷に入つては郷に従へ」は一体となつた成句だから、「従へ」の部分だけ新かなといふわけにもいかない。

つまりこの語は、「現代仮名遣い」の規定からして旧かなで書くのが「正しい」。結局、現代語も旧かなで書くのが正しい……。

「例えば」などと書いたら行儀が悪い

さきほどは「いはば」とか「言はずもがな」「思ひきや」などについても触れましたが、「いはば（言はば）」は古語なんです。「いわば」と書くわけにはいかない。私は文部省の

「現代仮名遣い」に対する「抵抗勢力」と見えるかもしれませんが、実は「現代仮名遣い」に最も忠実な（？）一人なんですよ。その忠実な一国民として規定を忠実に守れば当然、「いわば」と書くわけにはいかない。「いはば」です。

「言はずもがなのことぢやないか」の「言はずもがな」。

「ず」は文語の助動詞。「もがな」は千年以上前からの古代語です。古今集に、

世の中にさらぬ別れのなくもがな千代もとなげく人の子のため

とある。あの在原業平（ありはらのなりひら）の歌です。

この全くの古代語を使ふ時にまさか「言わずもがな」などと、内閣告示「現代仮名遣い」に違反した行儀の悪いことをやつてはいけない。

「例へば」なども古語です。

「例へば」の「例へ」は文語で、「たとふ」といふ下二段活用の動詞の未然形です。

この活用といふものについてはあちこちで触れてゐますが、またあとでもややまとめた形で言ひます。

この下二段活用の「たとふ」は、次のやうな形です。

[文語、たとふ]

未然	連用	終止	連体	已然	命令
例へバ	例へタリ	例ふ	例ふるトキ	例ふれドモ	例へよ

この語は現在では「例へる」と形を変へてゐます。下一段活用といひます。

[口語、たとへる]

未然	連用	終止	連体	**仮定**	命令
例へナイ	例へマス	例へる	例へるトキ	**例へれ**バ	例へろ

ご覧のやうに「例へば」の形は現代語には現れない。「例へば」の意味は「もし例を以て言ふならば」といふことですから仮定を表してゐます。それの現代語形は太字で示しました。「例へれば」です。「例へば」ではない。「例へば」の形は文語の方に現れてゐますね。それも太字で示しました。

つまり、「例へば」は文語・古語です。しかし私たちは現在通常用ゐる。すなはち現代のわれわれは日常の口語として古語を用ゐてゐるわけです。この古語を表記するのに「例えば」などと行儀の悪いことはできません。

『広辞苑』まで間違つてゐる「思ひきや」

「思ひきや」などもいい例です。

「思ひ」はともかく「き」も「や」も醇乎(じゅんこ)たる古語で、もちろん「思ひきや」全体としてまさに文語です。歴史的仮名遣で書くしかありません。

この語は例へば古今集では次のやうに使はれてゐます。

思ひきや鄙(ひな)の別れにおとろへて海人の縄たきいさりせむとは

小野篁(をののたかむら)が遣唐使の用船のことで朝廷に逆らひ、罪を得て隠岐に流されてゐた時の歌で、「こんな田舎で漁師の真似ごとをすることになるとは、とても思ひもしなかつたことだなあ」と嘆いてゐる歌です。

ところでこの「思ひきや」、忘れないうちに言つておきますが、ちかごろテレビニュースのコメントなどでさかんに耳にします。古雅な言葉が日常使はれてゐるわけでそれは結構ですが、残念なことにたいてい（全部！）誤用なのです。例へばこんな使ひ方をしてゐるる。

「この時期には当然完成してゐるものと思ひきや、なんとまだ三割しかできてゐないのださうです」

「もう絶望だと思ひきや、元気なことが確認されて大喜びです」

これは完全な誤用なんです。

先の篁の歌、こんなことになるとは、とても思ひもしなかつたことだ、と言つてゐます。つまり現実に「こんなこと」になつてゐるわけです。それを承(う)けて、「と思つたことだらうか。まことに意外なことになつてしまつたよ」となるのが「思ひきや」です。

ですからテレビで、「思ひきや、死んでしまつたと（死んでしまつたと、思ひきや）」と言つてゐる言葉は、本当は、「元気だとばかり思つてゐたのに、死んでしまつてゐたなんて全く思ひもしなかつた」といふ意味になるのです。つまり、現実に死んでしまつてゐる場合の語法です。

逆ですね。なんとかやめてもらひたい。

あわてて言つておきますがこれについて多くの国語辞典は、このテレビ風誤用を認める立場ですよ。『広辞苑（第三版）』などは、「当選だと思いきや、次点だった」という例文まで挙げてゐます。『明鏡国語辞典（初版）』（大修館書店）も似たやうな例を挙げて認めてしまつてゐます。『広辞苑』や『明鏡国語辞典』はともかく、最も権威があるはずの『日本国語大辞典（第二版）』（小学館）までが認めた態度をとつてゐて、滑稽なことに実例まで挙げるのですが、それが最も古いもので明治時代の落語なのです。落語での誤用を探し出して挙げてゐるわけですね。

滑稽といふのはそれではなくて、この辞典は樋口一葉や二葉亭四迷、また室生犀星からも用例を拾つてゐる。ところがその用例は、全く正しい古典的用法で、テレビ用法とは逆なのです。この辞典は用例を挙げるのに完全に失敗してゐる。これは辞典として滑稽と言ふしかない。

一葉の例文といふのは次のものです。

思ひきや今日の身分、変りも変りし立派の紳士に成りて（一葉『うもれ木』）

ご覧のやうに、「こんな立派な紳士になるとは思つてもみなかつたよ」といふことで、立派な紳士になるといふ事態は現に実現してゐる。テレビ用法、辞典解説とは全く逆ですね。一葉、四迷、犀星はめつたなことでは間違はないのですよ。

ところで『広辞苑』の例文「当選だと思いきや、次点だった」といふのは「用例」ではありませんよ。これは辞典の編集者がその場でこしらへたものです。かういふものは「用例」とは言ひません。わざわざ誤文をこしらへて掲げたわけです。『広辞苑』も元々こんなみつともないことはやつてゐなかつた。昭和五十八年、第三版を出すときに踏み外したのです。

「うかがい」「うかがひ」「うかがゐ」の選び方

ついでについでを重ねていろいろなことを言ひましたが、いま言つたのは文語か口語かなどは分けられないのだといふことです。分けられない以上は口語に新かなといふ原則が立たない。だから旧かなで統一した方がよいといふことです。

そしてその前に言つたのは、旧かなだの歴史的仮名遣だのとことごとしく言ふけれども、そんなものはおぼえるのはわけもないのだといふことです。その例として谷崎潤一郎の名作『吉野葛』の一節を掲げてみたのでした。

その結果、多少注意すべきものはハ行動詞と「ゐる」と、あとは二三(にさん)の語例があるのみ、といふことを示したわけです。

そのハ行動詞についてあれこれ言ひながら、みなさんには動詞の活用などといふやや面倒な話もわかつてもらへたと思ひます。

そこでまたハ行動詞ですが、谷崎『吉野葛』のあのページでは、

窺ひ知り得ない

と**云ふ**

討たれ**給ひ**

自天王までを**数へ**

渓**合ひ**に移り

の五つがありました。そしてこの中の「窺ひ」「云ふ」「給ひ」「合ひ」はハ行四段動詞であるといふことを言ひました。

ところでその「窺ひ」は、ウカガイに近い発音になると思ひますが、これは「うかがい」でもなく「うかがゐ」でもなく「うかがひ」と書く。打ち消すときは「うかがはない」と書く。「うかがふ」と書き「うかがへ」と書く。つまりハ、ヒ、フ、ヘを使ふ。ワ、イ、ヰ、ウ、エ、ヱは使はない。

この見分け方は簡単で、言ひ切りの形（終止形）を口に出してみることで解決です。つまり、ウカガウを発音してみる。すると語尾のウの部分の発音が［ウ］に近いものになり

ます。さういふ動詞はみなハヒフへを使ふ。ハ行である、とまづは決めてよろしい。「ウに近い」と言ひましたが、これは英語などで習ふ口を尖らした［ウ］ではなく、唇に力を入れずゆつたりと横にひろげたまま発する［ウ］だからです。これは精密な発音記号では［u］ではなく、Wの筆記体の小文字に似た形の、あるいはMの筆記体小文字を逆さにしたやうな形の記号で表される音（おん）で、英語などにはない音です。独仏露にもなくシナ語、スペイン語、ポルトガル語、オランダ語などにもない音のやうで（『音声表記法』大西雅雄・学書房出版）、世界のどこかにはあるかもしれませんがどうも日本語独自の音と言つていいやうです。

日本文字で［ウ］と書いたらこの音は日本語のウですから、あれこれ言はなくともいいのですが、英語のウとは違ふといふ意味で「ウに近い」と言ひました。「窺ふ」はウカゴオにも近く発音されるし、「給ふ」などもタモオに近く発音されますが、それでも語尾は「ウ」が潜在的に意識されてゐる。さういふ動詞はハ行活用です。だから何も迷ふことなく、言ふ、食ふ、買ふ、払ふ、洗ふ、祝ふ、といふ具合に書けばいいわけです。ハ行四段動詞はたくさんあつて、他にも会ふ、乞ふ、結ふ、争ふ、追ふ、歌ふ、笑ふ、誘ふ、這ふ、舞ふ、問ふ、疑ふ、諍（いさか）ふ、揃ふ、弔ふ、匂ふ、などがさうです。

また『吉野葛』には「数(かぞ)へ」といふのもありました。口語「数へる」です。

これは活用させてみると、

未然	連用	終止	連体	仮定	命令
数**へ**ナイ	数**へ**マス	数**へる**	数**へる**トキ	数**へれ**バ	数**へろ**

といふ形で、活用語尾を拾ふと「へ　へ　へる　へる　へれ　へろ」となつてゐます。つまり、五十音図ハ行、

は　ひ　ふ　へ　ほ

の「へ」だけを使つてゐる。一行の下の方の一段だけを使つてゐる。そこでかういふタイプの動詞を下一段活用の動詞といひます。この下一段活用の動詞は、文語文法で扱ふ語形ではすべて下二段活用です。すなはち、

未然	連用	終止	連体	已然	命令
数**へ**ズ	数**へ**タリ	数**ふ**	数**ふる**トキ	数**ふれ**バ	数**へよ**

の形で、「へ　へ　ふ　ふる　ふれ　へよ」です。「はひふへほ」の下の方「ふへ」の二段を使つてゐる。つまり下二段活用でした。これが室町時代ごろから大きく変化して一段化したわけです。

そこでさつきの話ですが、この動詞もハ行である。「数へない」「数へます」は「数ゑない」だの「数えない」だのとは書かない。

この見分け方はさつきと同じで終止形を見ることです。口語では「数へる」ですからちよつと見分けがつきませんが文語で見てみる。すると「数ふ」ですね。カゾウである。つまり終止形語尾が「ウ」に近い発音となる。さういふものはハ行と見て間違ひはありません。

かういふ動詞も結構たくさんあります。数ふ（数へる）、教ふ（教へる）、抱ふ（抱へる）、訴ふ（訴へる）などです。

なにしろハ行の動詞は数が多いので助かります。たいていが「はひふへ」で済む。私は先に、旧かなとはハ行を使ふことと言へさうだなんて言ひましたが、全くです。

「ゐ」「ゑ」を書くのは気持がいい

『吉野葛』には、「擁してゐた」「抱いてゐた」といふ語句もありました。動詞「ゐる」です。

「擁している」「抱いている」の「いる」を「ゐる」と書くだけで旧かなの何割かはマスターすることになるのですが、この字を書いてみると、なにか不思議な快感をおぼえます。すなはち旧かなで書くことには快感がある。

このかなは漢字の「爲」の字を大きく略して成立したものですが、「爲」が略されて「為」、それがさらに大きく略されて「ゐ」。そのつもりで書いてみると実に気持がいい。「ゑ」も同様です。「微笑(ほほゑ)む」「ゑくぼ」などのゑです。ゐとゑは現代仮名遣によって抹殺された「悲劇のかな」で最近あまり目にしなくなつてゐるのですが、ゑは「惠」の字を略してできたもので、それを意識して書いてみると何か上等のものに触れてゐるといつた不思議な感覚をおぼえます。旧かなのよさはこんなところにもありさうです。

少々形がとりにくく、少し練習した方がよいのですが、これは面白いことに外国人でもさうなのださうで、日本古典文学のドナルド・キーンさんが若いころ、この字がうまく書けなくて懸命に練習したといふ思ひ出をどこかに書いてゐました。しかし漢字の「惠」を意識して書けば上手に書けます。

さて「ゐる」の件。例によつて活用表です。まづ文語「ゐる」。

未然	連用	終止	連体	已然	命令
ゐズ	**ゐ**タリ	**ゐる**	**ゐる**トキ	**ゐれ**ドモ	**ゐよ**

つまり「ゐ　ゐ　ゐる　ゐる　ゐれ　ゐよ」となつてゐる。これは五十音図ワ行、

わ　ゐ　う　ゑ　を

の「ゐ」の一段だけを使つてゐます。そして「ゐ」はまんなかより上にある。そこでかういふタイプを上一段活用といひ、「ゐる」の場合はワ行上一段活用です。

口語「ゐる」は、

未然	連用	終止	連体	仮定	命令
ゐナイ	**ゐ**マス	**ゐる**	**ゐる**トキ	**ゐれ**バ	**ゐろ**

ほとんど同じですね。

同じ上一段の動詞には「見る」「着る」「似る」「煮る」「射(い)る」「率ゐる」「干(ひ)る」「試みる」「顧(かへり)みる」などがあります。これらは元々の上一段活用ですが、現代語では上二段活

用から変化した「生きる」「過ぎる」「朽ちる」などもあります。

「射る」は今も昔も上一段ですよ。「い　い　いる　いる　いれ　いよ（いろ）」です。打ち消すときは「いズ」「いナイ」です。連用なら「いテ」「いマス」の形です。ときどきこれを間違へて、「いらナイ」「いつテ」と言ふ人がありますが、これは注意しないとちよつと恥づかしい。

終止形が「いる」で、これは「切る」などとも似てゐる。そこで「切らない」だから「射らない」だらうといふ風に頭が働いてしまつた結果でせうが、かういふ現象を言語学では「類推」と言つてゐます。アナロジーです。

いや立派な名前は附いてゐても、「起きない・起きます」と言ふから「来（き）ない・来ます」だらうといふやうなもので、かなり恥づかしい間違ひ方です。気をつけませう。ちよつとお節介までに触れました。

英語が国語でなくてよかつた

あと『吉野葛』では、

百二十二年ものあひだ

吉野にお**は**して
さう云ふ

といふ例も出てゐました。これは動詞や形容詞の活用とは直接の関はりはない部分の特徴的な仮名遣です。

まづ「あひだ」。

これは漢字で書くことが多いでせうから、さうなれば「間」でいい。仮名遣は知らなくていいことになりますがかなで書きたいこともある。カンと読まれたくないときなどはかなで書きます。やはり知つておいた方がよい。

しかしこの「あひだ」の問題は簡単に解決します。つまり、語中・語末のイの音は、たいてい「ひ」です。「い」や「ゐ」にはならない。

間（あひだ）　貝（かひ）　鶯（うぐひす）　齢（よはひ）　勢ひ（いきほひ）　終に（つひに）　甲斐（かひ）　鯛（たひ）　鯉（こひ）　恋（こひ）　魂（たましひ）　椎（しひ）　災ひ（わざはひ）

など無数です。

これは、イの発音のものは「ひ」と書く、と考へるのではなくて、語中の「ひ」は自然に発音するとイになる、と考へることです。

あ、今軽く言ひましたが、これは歴史的仮名遣についての最も重大なポイントと言つていい。これは「おはして」のところで説明すればいいかもしれませんが同じこと、ここで触れておきます。

例へば「あひだ」は文字通りには発音もアヒダ（a-hi-da）といふわけですが、このアヒダだのイキホヒだのは少し早めに発音するとエイチの音が聞えにくくなりますね。聞えにくくなるといふより発音しにくくなる。イに近くなります。ナリハヒ（生業）やらワザハヒ（災ひ）やら、またニホヒ（匂ひ）、イハヒ（祝ひ）などハ行音が続くものなどは特に発音しにくい。

普通の気楽な発音では、語中・語末のハ・ヒ・フ・ヘ・ホはワ・イ・ウ・エ・オに近くなります。語頭音は変らず、はやし（早し）のハ、ひかり（光）のヒなどは変らないけれども語中・語末では変る。

これは明治になつて大槻文彦といふ、『大言海』など巨大な業績を残した国語学者が「ハ行転呼音」と名づけたのですが、現象自体は奈良・平安の昔からありました。例へば「うるはし（麗し）」などはウルワシと発音されてゐました。

かうした発音の変化は、いはば生理的必然なのです。ですからこれは日本語・日本人に限らず、まづは世界中の言語でかういふことが起つてゐます。われわれが中学時代から習つた英語などでも、right（右）やら light（光）やらでエイチの音は消えてしまつてゐますね。もともとリフト、またリクフトのやうな発音でエイチも読んでゐたのに、今は完全に消えてライトになつてゐます。車の意の vehicle などはヴェーヒクレーとでも読めばいいものを（昔はそれに近かつたのでせう）、ヴィーイクルのやうな発音になつてエイチは読まない。こんな例は無数なので、いろいろ単語を思ひ起してみてください。

ラテン語を基にしてゐるフランス語などは、語中の h はほとんど音にならないやうです。スペイン語でもさうだといふ。だから、日本語の例へば「にほふ（匂ふ）」をこのままローマ字で書いて、

nihohu

をフランス人に読ませたら、日本人と同じやうに「ニオウ」に近く読むのではないでせうか。そのほかの歴史的仮名遣の表記も、そのままローマ字で書いて見せたら、ほとんど日本人と同様に発音してくれるはずです。

英語でもフランス語でも、語中の h はほとんど読まず、right はライトと読んでゐるのに、rite だの rait だのと表記を変へようとしないのは、伝統的な文字遣ひに思ひを寄せてゐるからであり、その方が目で見てわかりやすいからです。仮に right を発音に近づ

けて綴りを rite と直したとすれば、こんどは元からあつた別の単語 rite（儀式）と衝突してしまひ、見てわかりにくくなるといふ合理的感覚もそこでは働いたでせう。実際、綴りを改定して表音的にしようとする動きはイギリスでもフランスでも何回もありました。しかしそのたびに強い反撃を受けて潰（つぶ）されてきたのは、彼らの、歴史への愛情と尊敬、そして合理的判断のゆゑです。

さうした人間の思ひと、目で見たわかりやすさを潰さう捨て去らうとしたのが現代仮名遣でした。私は正直なところ、英語やフランス語のある種の頑固さに尊敬をおぼえます。もちろん我が祖国日本の現代仮名遣には、深い軽蔑を感ぜざるをえません。

日本語では例へばイといふ発音になる文字は、

い　ひ　ゐ

の三つしかありません。「濃い」「貝（かひ）」「紫陽花（あぢさゐ）」などです。これが非常な学習負担で日本の科学は遅れた、戦争にも負けたといふ議論が専らだつたのですが、戦争に勝つた側の例へば英語などは、世界の言語の中でも最大級の複雑さ乱雑さなのださうです。はやい話が英語イ［i］の発音となる綴り字は十三種類もある。

i, ee, a, e, u, ea, ei, ui, o, ey, eo, y, ie

の十三種です。engine, breeches, language などなんださうですが、どんな単語があるか英語の得意な人は探してみてください。イーと延ばす音の綴りも、やはり十三種類あるのださうで、ついでに挙げておけばこんな様子です。

ea, i, eau, ee, e, ey, ae, eo, ay, ie, oe, is, ei

一見まさかと思ふやうなものもありますね。しかしたしかにあるのです。探してみてください。

さらについでに紹介すると、-ough- といふ綴り部分にどんな音があるか、これがなんと七種類。英語の語源学の入門書で見たものを挙げると、こんなものです。

enough, cough, bough, ought, borough, through, though

なるほど全部、発音が違ひます。日本語ではせいぜい、同じ「ひ」の字にヒの音、イの音がある、といふ程度で最も面倒なところでせう。いやあ、英語が国語でなくてよかつた。

「君が代」に秘められた重大な虚偽

わが国には、法的に一応国歌とされてゐる次のやうな歌があります。

君が代は千代に八千代にさざれ石のいわおとなりてこけのむすまで

平成十一年、これを定めた法律には実は重大な虚偽が含まれてゐます。法律はこの歌を「古歌」としてゐますが、実はわが国にはこんな「古歌」は存在しません。あるのは、

君が代は千代に八千代にさざれ石のいはほとなりてこけのむすまで

です。

何度も言ふやうに、内閣告示「現代仮名遣い」は文語文には適用しないと定められてゐます。それを我が議会は平然と蹂躙(じゅうりん)しました。内閣告示を無視するぐらゐのことならどうぞご自由にといふところですが、千年以上の古歌を勝手に改竄して日本語の正書法を破壊し、しかもそれを法律化してしまつた……。

しかも「いはほとなりて」ならば「巌となつて」の意味であることがわかりますが、「いわおとなりて」と新かなに書き変へられたのでは何のことかわからない。「岩音が鳴つて」でせうか。さきほど挙げた right を、rite と改定して衝突させるやうなことを、わざわざやつたわけです。これほどの悪法はめつたにないでせう。

語中・語末の「ひ」はイ音となる

唱歌「故郷(ふるさと)」はこんな歌です。

如何(いか)にいます父母(ちちはは)
恙(つつが)なしや友がき
雨に風につけても
思ひいづる故郷(ふるさと)

これがもし新かなで表記されたらえらいことになる。太字部分に注意してください。

如何に**います**父母
恙なしや友がき
雨に風につけても
思いいずる故郷

「います」は「おはす」「おいでになる」「いらつしゃる」といふ意味の敬語で、旧かなで「います」と書きます。旧かななら意味明瞭です。ところが歌を新かなに書き換へて「います」とやると、これが本来「います」なのか「ゐます」なのかがわからない。これらは意味が全く違ふのです。

「如何にいます父母」は「どうお過しだらうか、父上母上は」の意味である。ところが「如何にゐます父母」だと、「どうしてゐますか、父さん母さん」の意味となる。つまり父母の動作状態を表す動詞が敬語抜きになります。

これが新かなでは区別がつかない。現在出版されてゐるものはほとんど、この歌も新かなに改変されてゐますから、それを読んでゐる人、歌つてゐる人にこの歌の意味がわかる人はありません。わかると思つてゐるならそれは錯覚です。私がわかつてゐるのは、旧かなで「如何にいます父母」であることを知つてゐるからにほかなりません。

新かなにはかうした「効果」があるわけです。

それで、この項で言ひたかつたことは、イの発音のものは「ひ」と書く、と考へるのではなくて、語中の「ひ」は自然に発音するとイになる、といふふうに考へてもらひたいといふことでした。

語中・語末の「はひふへほ」が「ワイウエオ」に近い発音になる様子は、他には例へばこんな具合です。

は　粟(あは)　器(うつは)　岩(いは)　川(かは)　縄(なは)　鍬(くは)　瓦(かはら)　噂(うはさ)　庭(には)　即ち(すなは)　俄か(には)　あはれ　祝ふ(いは)　現す(あらは)
　　貯へる(たくは)　廻る(まは)　変る(かは)　触る(さは)　壊す(こは)　柔らか(やは)

ひ　恋ひ　鯛(たひ)　宵(よひ)　生業(なりはひ)　舞ひ

ふ　問ふ　会ふ　払ふ　行ふ　夕(ゆふ)

へ　上(うへ)　家(いへ)　前(まへ)　蝿(はへ)　蛙(かへる)　苗(なへ)　帰る(かへ)　囀る(さへづ)　翻る(ひるがへ)

ほ　氷(こほり)　公(おほやけ)　尚(なほ)　顔(かほ)　庵(いほり)　多い(おほ)　大きい(おほ)　遠い(とほ)　覆ふ(おほ)　潤ふ(うるほ)　通る(とほ)　催す(もよほ)
　　憤る(いきどほ)

もちろんこれには例外はあるのですよ。クワイなんていふ食用植物は「慈姑」と書き、仮名遣は「くわゐ」です。「くはひ」ではない。「紫陽花」は「あぢさゐ」であり「手水」は「てうづ」であり、「植」は「うゑる」、「薫」は「かをる」です。いろいろあるけれども、それらはわづかな例外なのですから、それなりに対応の仕方はあります。後で対応の便利な「術(て)」を紹介しますので心配しないでください。

語源を生かすといふ旧かなの思想

あと『吉野葛』では「吉野におはして」がありました。しかしこれは前項の説明で十分でせう。「おはす」は漢字をあてれば「御座す」「在す」で、「いらつしやる」「おいでになる」の意味の敬語動詞です。

次が「さう云ふ」の「さう」です。

これは漢字をあてれば「然う」です。

そのやうに、といふ意味の古来の副詞に「さ」がありますね。今は「さ」の形ではあまり使はれませんが、それでも「然ほど寒くない」とか「然ばかりのこと」とか「然は然りながら」とか「然あらぬ態で」とか、あるいはまた「然様でございます」などと結構今に生きて使はれてゐます。

その「さ」が、実際の運用の場では「さ」一音では短くて調子が調はなかつたり、また聞き難かつたりするために延ばして長く発音することがある。関西の言葉では一音の語は延ばす傾向があります。「目が」は「メガ」と発音されることは少なくて、「メエガ」となる。「手が」は「テエガ」となる。「子がおいでで」などは「子オがおいでやして」などといふ具合になる。

それと同様の日本語の癖なのでせうが、「さ」も延ばされてその表示として「う」が附く。それが「さう」です。

「か」なども、「かばかり」だの「かほど」だの「斯様な」だのと本来の短い語形でも使はれるけれども、それは「ばかり」や「ほど」や「様」が附いて、ある程度の長さになつてゐるからであつて、「か」だけだとやはり使ひにくい。そこで「う」を附けて延ばして、「かう」となる。

「かうやつたり、ああやつたり」の「かう」です。「と見かう見」の「かう」です。「とかうするうち」などの「かう」です。

「かう」は「斯く」の「く」が音便で「う」となつた形でせうから「さう」と多少成り立ちは違ふけれども、よく似た経過でできた語形です。これは学者は「延音」とは言はないやうですが、延びたものには違ひありませんから、ここでは「延音」と言つておきませう。

要するに「さう」は「さ」の延びたものです。発音はソーです。

さてソーなら「そう」と書けばいいぢやないかといふのが現代仮名遣の思想ですが、なかなかさうはいかない。

すでに言つたことからわかるやうに、「さう」はもともと「さ」なのですから、語源を生かす、言ひ換へれば見た目の理解を容易にする、先人とつながる、歴史に連なる、といふ意味で「さ」を生かして「さう」の方がよろしい。

これが旧かなのいはば思想です。

「さう」と書いてソーと読めとは不合理だとするのが敗戦後の国語思想でしたが、べつに不合理ではないのぢやありませんか。

例へば「さう」を例によつてローマ字で書いてみませう。

sau

となる。au といふ重母音が現れます。これは世界中でまづはオーに近い発音になつてゐます。私たちが昔、中学一年で習つた英語などでも例へば、August（八月）はオーガストであり、daughter（娘）はドーターです。もとのラテン語ではアウグストだつたものがオーガストとなつてゐる。

autumn（秋・オータム）でも、author（著者・オーサー）でも、au の部分はオーです。これは発音変化の必然なんです。日本語の歴史的仮名遣で発音と表記のずれと見えるものは、このやうな世界大の発音法則に従ふものがほとんどで、しかも英語やらフランス語やらと較べたらはるかに単純です。英語 sauce（ソース）もまた、sau の部分はソーですね。

日本語の sau の部分をソーと読むのが日本人にとってだけはそんなに負担なんでせうか。もちろん新かなを推進した人たちはさう考へてゐたし今も考へてゐるわけですが。

さて、何の話でしたつけ？ さうさう、谷崎『吉野葛』。これを材料にあれこれ言ひました。ここでも確認しておきませう。

旧かなといつてもたいして難しいものではない。

動詞や形容詞の活用の基礎をおぼえておけばまづ大丈夫。

新かなは文語には使へないが、われわれはふだん平気で文語を使つてゐる。

それならふだんから旧かなを使ふのがあたりまへとなる。

といふところでせうか。

第二章　声に出しておぼえる活用

文語で見れば活用は簡単

「活用」などといふ国文法の専門用語を使つたわけですが、ちよつと「お勉強」といつた感じにもなります。読んで少し負担になつてはいけないので、ここで一まとめにして片づけてしまひませう。動詞の活用です。

私たちが文章を書くときはたいてい現代口語文で書きますし、その際も歴史的仮名遣を使はうではないかと本書では言ひたいわけですから、口語の活用を示すところかもしれませんが、ここでは文語で説明します。といふのは、われわれが例へば和歌や俳句を作るとすれば文語が大原則だし、その際は旧かなで書くしか方法はないのだし、また口語の活用は文語さへ心得ておけば簡単な応用変化ですぐわかることだし、といふ理由です。

それになにより、歴史的仮名遣は文語の多少の心得があればすぐわかるものだからです。例へば「萌エル」「萌エテ」と書きたいとき、この「エ」はどう書くか迷ふことがあります。エの音になるかなは、

え　へ　ゑ

と三つある。このどれを使へばいいか。さう迷つたときには「萌エル」といふ語の文語の

終止形とか連体形を思ひ出せば解決です。思ひ出すためにはなにか歌の文句を思ひ浮かべればいい。口調のいい歌はたいてい文語です。例へば「三高逍遥の歌」。

紅（くれなゐ）萌ゆる丘の花
早緑（さみどり）匂ふ岸の色
都の花に嘯（うそぶ）けば
月こそかかれ吉田山

京大関係者でなくとも知つてゐる人は多いのではないでせうか。さてこれを見ると、「萌ゆる」とある。

すなはち連体形の活用語尾は「ゆる」である。「ゆる」ならばこれはヤ行である。ヤ行は、

やいゆえよ

である。活用語尾は他の行に飛ぶことはないから、「萌エル」は口語だがここでエの音になるのは傍点を附した「え」である。すなはち正解は、

萌える

これで解決するわけです。辞書なんか見るまでもない。「肥エル」の場合も、「天高く馬

肥ゆる秋だねえ」なんて言ふから「ゆる」だ。ヤ行だ、「肥える」だ、とわかつてしまふ。また「支エル」のエは「え・へ・ゑ」のどれかと迷つたときは、「箱根八里」でも思ひ出す。

箱根の山は　天下の険　函谷関(かんこくくわん)も物ならず
万丈の山　千仞(せんじん)の谷　前に聳(そび)え　後(しりへ)に支(ささ)ふ

とある。「支ふ」は発音はサソウに近い。つまり語尾の音はウに近い。ならばハ行である。「はひふへほ」である。すなはち「支へる」である……。

このやうにきれいに決まるわけです。

ところが口語だけを見てゐると、「萌エル」は、

萌えナイ　萌えマス　萌える　萌えるトキ　萌えれバ　萌えろ

といふ具合になつて語尾は「え、え、える、える、えれ、えろ」である。これでは「える」なのか「へる」なのか「ゑる」なのか、区別の手懸りがありません。これは少し不利ですね。そこではじめから文語で見た方がわかりやすいのです。

さてそんなわけで、文語を基礎として動詞活用につき整理しておきませう。

四段(よだん)活用――ハ・ヒ・フ・フ・ヘ・ヘ

これについては何度か触れました。語の数も下二段活用と並んで最も多いのではないかと思ひます。「言ふ」で言へばかうです。

未然	連用	終止	連体	已然	命令
言はズ	**言ひ**タリ	**言ふ**	**言ふ**トキ	**言へ**バ	**言へ**

片かなでズだのタリだのと附いてゐますが、これらの言葉を接続させてみればその語形がすぐに浮かぶので、その手懸りとして附けたものです。つまり、「言ふ」ことを打ち消す表現を考へるとそれは「言はズ」となる。これはだれでも見当がつきますから、未然形が「言は」となるのはすぐ気づくといふわけです。この「ず」は現代語では「ない」で、これに接続するのもやはり未然形「言は」であり、「言はナイ」となる。

ところでここでは、やれ未然だの接続だのと「難しい言葉」を使ってゐますが、この実際の運用はどんな幼児でも決して間違へません。いくらかでもしやべる子どもなら必ず「**行か**ない」「**飲ま**ない」と言ひ、「**行き**ない」とか「**行く**ない」などとは絶対に言はない。

「**食べ**ない」と言ひ「**食べる**ない」とは決して言はない。つまり、どんな幼児でも文法的に正しく発言する。規範文法から外れることがない。

つまり運用技術としてはごくやさしいのだがそれを説明する語句は多少耳慣れないものとなる、といふ次第です。

未然形に接続するのは「ズ」だけではなく、助詞の「ば」も附く。つまり「言はバ」ともなつてこれは仮定を表す。「もし言ふなら」の意味です。

意志・推量の助動詞といはれる「む」も附く。「言ふことにしよう、言ふつもりだ」といふのは「言はん」となる。こんなわけで「ズ」だけを掲げたのは代表として一つ挙げたものです。

同様に連用形には「タリ」を挙げましたが、ほかにも「き」「けり」「つ」「ぬ」などの助動詞、また助詞の「て」なども附く。これも代表として「タリ」一つを挙げたものです。連体形、已然形もそのつもりで見てください。

さて未然形には意志・推量の助動詞「む」が接続すると言ひましたが、この「む」は現在では「う」に変化してゐます。つまり、

　言はむ　→　言はう

となる。「言は」の部分はあくまでも生きます。

新かなで、

言おうじゃないか

言おうと思ったんだよ

などは、

言はうぢやないか

言はうと思つたんだよ

となる。「**買は**う」「**写さ**う」「**呼ば**う」「**集まら**う」といふわけです。仮名遣の大きな注意点ですが、歴史的仮名遣の合理性が最もよくうかがはれるところでもあります。「言はう」を「言おう」と書けといふのが現代仮名遣ですが、これでは「いお」とはいったいなんだといふことになる。文法上説明がつかない。強引につけてはゐるけれどもほとんど説明になつてゐない。だから例へば『角川国語大辞典』（昭和五十七年初版）などは、新かなで編輯された新しい辞典なのに「言お」などは認めず五段活用といふケッタイなものを排除してゐるのです。その辞典、編者は時枝誠記（ときえだもとき）、吉田精一の両氏です。

上一段活用(かみいちだん)——イ・イ・イル・イル・イレ・イヨ

これも先に「居(ゐ)る」に関連して言ひましたね。

「ゐ　ゐ　ゐる　ゐる　ゐれ　ゐよ」の形です。みなさんは是非、ゐ・ゐ・ゐる・ゐる・ゐれ・ゐよ、イーイーイルイルイレイヨと何度か口で唱へてみて、この型をおぼえてください。結構重宝なものですから。

これは語形が短いので、語幹と活用語尾を分けることができませんから、語幹でありまた語尾であるといふ便宜的な扱ひをします。

上二段活用(かみにだん)——イ・イ・ユ・ユル・ユレ・イヨ

「老(お)ゆ」といふ動詞を例として見てみませう。老いズ・老いタリ・老ゆ・老ゆるトキ・老ゆれバ・老いよ、ですから、

い　い　ゆ　ゆる　ゆれ　いよ

となつてゐる。すなはちヤ行、

や　い　ゆ　え　よ

の「い」と「ゆ」の段だけを使ふ。つまり上の方の二段を使ふ。よつて上二段活用といふ。

口で唱へるならイーイーユーユルユレイヨです。

この型の動詞もたくさんあって、「起く」「怖(お)づ」「落つ」「閉づ」「生(お)ふ」「強(し)ふ」「悔ゆ」「恥づ」「生く」「報(むく)ゆ」「ほころぶ」「恨む」「忍ぶ」「恋ふ」「用ふ」などがさうです。「起く」ならキーキークークルクルクレキヨ。

[起く]	き	き	く	くる	くれ	きよ
[落つ]	ち	ち	つ	つる	つれ	ちよ
[恥づ]	ぢ	ぢ	づ	づる	づれ	ぢよ
[恋ふ]	ひ	ひ	ふ	ふる	ふれ	ひよ
[恨む]	み	み	む	むる	むれ	みよ
[悔ゆ]	い	い	ゆ	ゆる	ゆれ	いよ

いくつか並べてみました。口に出して読み上げてみてください。好きな節(ふし)をつけて読むとおぼえやすいものです。

この活用形式は文語に固有のタイプで、このタイプの動詞は現在ではほとんど上一段となりました。つまり現代口語では、

老**い**ナイ・老**い**マス・老**いる**・老**いる**トキ・老**いれ**バ・老**いろ**

の形となつた。これだけだとこの「い」は「い・ひ・ゐ」のどれかわかりません。ところが文語を見ると、い・い・ゆ・ゆる・ゆれ・いよ、となつてゐる。「ゆ」といふヤ行の文字が現れる。したがつて「すつかり老イたものだ」のイは、ヤ行の「い」である。「ひ」や「ゐ」ではない、といふことがわかる、とマアかういふ仕掛けになつてゐるわけです。さつき「萌える」の例で見たやうな要領ですね。

右に挙げた上二段動詞の中で、「報ゆ」「ほころぶ」「恨む」「忍ぶ」「恋ふ」については少々注を入れておきます。

「**報ゆ**」は、い・い・ゆ・ゆる・ゆれ・いよ、の形でヤ行上二段ですが、この語は鎌倉・室町時代ごろからハ行四段の形（報ふ）も使はれるやうになりました。『古今著聞集（ここんちよもんじふ）』などには、

かつは年来のつみをも**むくは**んがために、

といつた表現がある。四段活用です。ところがこれは、すつかり四段にはなり切らずに現在でも両様に使ひます。つまり、上二段から変化してきたヤ行上一段（報いる）と、ハ行四段です。

努力が**報い**られる世の中（上一段）

努力が**報は**れる世の中（四段）

といふわけです。そして面白いことは現在でも、やはり古来の形を継承してゐる「報いられる」の方が「上等の語法」「いい言葉」といつた感じがあることです。七八百年たつても、ある「崩れた形」といふものはなかなか十分には認知されない、といふ、言葉に関する健全な保守性が保たれる好例と言へるでせう。

「**ほころぶ**」も四段に活用するやうになりましたが、「報いる」の場合と同じやうに感じられます。

元来上二段なのですがその後上一段（ほころびる）に変化し、これがいはば本来の形です。それが「ば・び・ぶ・ぶ・べ・べ」（四段）ともなる。たしかに「顔をほころばせて」などといふ表現は自然に聞えるやうになつてゐますが、大原富枝の小説『婉といふ女』には、

しかし、わたくしの褪せた頬も乾いた唇も、**ほころび**ようとしないのであつた。

といふ一節があつて『日本国語大辞典（第二版）』に引かれてゐるのを見ました。これは本来の上一段活用です。もしこれと同じことを四段で表現すれば、「しかし、わたくしの褪せた頬も乾いた唇も、**ほころば**うとしないのであつた」となる。

くらべてみてください。大原さんの言ひ方の方がはるかに「上等な」「良い言葉」といふ感じがすると思ひます。やはり古来のものの方が「良い言葉」であるわけです。

ところで、大原さんの『婉といふ女』は、出版されてゐるものは新かなの『婉という女』になつてゐます。これは昭和三十五年に発表されたものですが、当時からさうでした。ただ、大正元年生れで戦前から活躍してゐた大原さんが、オリジナルを新かなで書いたとはどうも思はれません。おそらくは出版社がごり押しして新かなにさせたのではないか。当時は（今もさうですが）そんなことがさかんに行はれてゐました。新かなには強力に反対してゐたあの谷崎潤一郎でさへ、昭和三十九年に『源氏物語』の新・新訳を出すとき、中央公論社に押し切られて新かなに変へさせられてゐます。また大原さんは、國語問題協議會といふ、新かな・当用漢字に反対することを目的とした団体の呼びかけに応じて、昭和三十九年、その国民運動賛同者に名を列ねてゐます。原稿は『婉といふ女』であつたに違ひないと私は思ひます。

さて、「**恨む**」も同様に、四段にも活用するやうになりました。もともとは例へば、

花散らす風のやどりはたれか知る我に教へよ行きてうらみむ（古今集・素性法師）

といふ具合のもので上二段でした。これは中世近世以降すんなりと上一段に移行して「う

らみる」となつてもよささうなものでしたが、これはあまり一般化しなかつたやうです。近世の俗文学に少し使はれた程度で、ほとんど全面的に四段に移行しました。

「**忍ぶ**」の場合は、これは「うらみる」とは違ひ、「しのびる」といふ上一段の活用は行はれなかつたやうです。全面的に四段に移行したわけですが、一方、「聞くに忍びない」などといふ具合に、古代そのままの上二段未然形が今に生きてゐます。

「**恋ふ**」といふのはなかなか大変な語です。もちろん基本的には恋ひず、恋ひたり、恋ふ、恋ふるときと上二段そのものなのですが、それなら後世素直に上一段となつて、恋ひナイ恋ひマス　恋ひる、と移行すればいいものをさうはならなかつた。用例はありますが極くまれです。それなら「恨む」「忍ぶ」と同様に四段になればいいはずが、さうもならなかつた。「恋はナイ・恋ひマス」とはならない。他には変化のしやうもないので、こんにち「恋ふ」といふ最も基本語といつていい動詞は消滅してしまつたと言へます。

それでは恋ひするといふことが言へなくて大変ではないかといふわけですが、なるほど動詞はほぼ消滅したけれども「恋（こひ）」が名詞として独立し、この「恋」といふものをするしないと表現するやうになつたわけです。

いつか教室で、「いかでか昔を**恋ひざらむ**」といつた部分を指名して読ませてみたところ、学生は実に難儀してゐた。「コイ、コイヒザ、コイヒ？」といふ具合でなかなか読めない。「恋ひ」を動詞として見ることがなかなかできない。「恋」が完全に一語の名詞として意識されてゐるわけです。「こふ」感情はあまりに口にもし文字にもする機会が多かつたために、連用形の名詞形「こひ」の独立性が高くなつてしまつたのですね。さういへば「霧」などもさうです。これは「霧る」といふ動詞の連用形なのですが、「霧りわたりて」などはなかなか読めない。「キリリ、ワタリテ」なんてやつてゐる。

そこで「恋ふ」は「恋す」（恋をする）と言ふことになる。これは遠く上代から例が見られます。もちろん平安朝には、

いにしへにありもやしけむ今ぞ知るまだ見ぬ人を恋ふるものとは（『伊勢物語』）

と堂々の上二段活用がなされる例が多いのですが、しかし「恋す」は上代からある。そして現在では、恋しナイ・恋しテ・恋するといふふうにサ行変格活用といふ形式になつてゐます。ここで「恋」は実質的には名詞です。

さて「恋」一つであれこれ言ひました。歴史的仮名遣「こひ」はもう大丈夫でせう。

そのほか上二段では「**用ふ**」なども問題語です。

ハ行上二段ですから、

［用ふ］　ひ　ひ　ふ　ふる　ふれ　ひよ

となります。ただこの語は元来「もちゐる」といふワ行上一段活用の語でした。

［用ゐる］　ゐ　ゐ　ゐる　ゐる　ゐれ　ゐよ

の形でした。ところが平安時代の仮名遣の乱れによつてハ行でも書かれるやうになり、さらにハ行上二段の形も生じた。さらに先に触れた「ハ行転呼音」による発音・文字のずれなどが原因となつてヤ行にも転じた、といふ事情があるやうです。そしてそれが全部現代にも生き残りました。そこで、

用ゐるならば（ワ行上一段）
用ひるならば（ハ行上一段）
用ふるならば（ハ行上二段）
用いるならば（ヤ行上一段）
用ゆるならば（ヤ行上二段）

などが混在といふ様子になつた。さらに新かな派の、

用いるならば（新かな・ア行上一段）

も参入して、まさに濫立状態です。

もつともわれわれは迷ふことはないので、本来の「用ゐる」を用ゐるだけのことです。

下一段活用――ケ・ケ・ケル・ケル・ケレ・ケヨ

文語で下一段活用の動詞は「蹴る」一つです。

［蹴る］　け　け　ける　ける　けれ　けよ

と「け」だけが使はれる。だから下一段。この語は口語では「蹴らナイ・蹴りマス」とラ行四段になつてゐます。仮名遣の問題はありません。

ただ、文語下二段活用の動詞が、現在はほとんど下一段となつてゐるので、仮名遣で注意することはいろいろ出てきます。それは次項で。

下二段活用――ヘ・ヘ・フ・フル・フレ・ヘヨ

下二段については『吉野葛』「数へる」で先に触れました。（五十三～四ページ）

［数ふ］　へ　へ　ふ　ふる　ふれ　へよ

この型の動詞は、口語ではすべて下一段。

［数へる］　へ　へ　へる　へる　へれ　へろ

先に言つたことは、「数エル」のエが「え・へ・ゑ」のどれか迷つたときは文語終止形「かぞふ」を思ひ出せ。これはカゾウに近い発音になるからハ行だ。だから「かぞへる」と「へ」で決りだ、とかういふことでした。

また、「萌エル」のエがどれか迷つたときは、文語終止形「萌ゆ」を思ひ出せ。「ゆ」があるからヤ行だ。だからヤ行の「え」で決りだ、といふやうなことでした。

まあ、言ふことはほとんどこれだけなんです。それでも他にもちよつとだけ話があるので、ここで言ふことにします。

たしかに、下二段活用には仮名遣で迷ひさうなものが結構あります。

ヨウ**考ヘ**ナイデハナルマイ
寒サガ悪ク**冴エ**カヘリマスナ
ココデ良ク**混**(ま)**ズル**ガ肝要ヂヤ
思ヒ**出**(い)**ヅル**ハ故郷ノ山川ノミニゴザル
ココニハ紫陽花ヲ**植ヱ**ヨウヂヤゴザンセンカ

などです。右例文は私がでつちあげたものですが、仮名遣は正しく書いてあります。やゝ古めかしくこしらへてみました。簡単に活用表を掲げます。

〔考へ〕	へ	へ	ふ	ふる	ふれ	へよ
〔冴エ〕	え	え	ゆ	ゆる	ゆれ	えよ
〔混ズル〕	ぜ	ぜ	ず	ずる	ずれ	ぜよ
〔出ヅル〕	で	で	づ	づる	づれ	でよ
〔植ヱ〕	ゑ	ゑ	う	うる	うれ	ゑよ

まづ「考へ」。

これは文語終止形がカンガウ、すなはち「考ふ」ですからハ行、よつて「考へ」。「数へる」と同類です。ほかには、「貯へ」「支へ」「仕へ」「湛(たた)へ」「携(たづさ)へ」「誂(あつら)へ」「変へ」「教へ」「番(つが)へ」「迎へ」「紛(まが)へ」「押へ」「拵(こしら)へ」「添へ」「答へ」「伝へ」「訴へ」「唱へ」「堪へ」「準(なずら)へ」「震へ」「加へ」「抱へ」「鍛へ」「備へ」「整へ」「捕へ」その他おほぜいです。

よく使ふ言葉が多いやうですね。これらはみな、「へ」の部分を「ふ」に置き換へれば文語の終止形となります。

次、「冴エ」。

これは前に言つた「萌え」と同種のものです。「冴ゆ」である。ヤ行である。よつて「え」である、といふ簡単な理屈です。このタイプの動詞。さつきと同様未然・連用の形で挙げませう。

「冴え」「燃え」「見(み)え」「見(まみ)え」「凍(こご)え」「増え」「潰(つひ)え」「癒(い)え」「吠え」「越え」「肥え」「聞え」「冷え」「覚え」「聳え」「煮え」「絶え」「消え」「栄え」「生え」「萎え」「映え」「脅え」

次は「混(ま)ズル」。

記憶するほどのことでもありませんが、一応頭に入れておきたいのは、ザ行の下二段はこの「混ず」だけだといふことです。

「恥づ」にしても「閉づ」にしても、また同じく下二段の「出(い)づ」にしても「づ」なのに、なんで「混ず」だけが「ず」なの？　とつい言ひたくなるかもしれませんが、なんのことはない「混ぜず・混ぜない」と言ふから「ず」なのです。要するに五十音図のザ行です。活用は五十音図の他の行には飛ばない。この単純な原則だけでなんの紛れもない。

これは今は仮名遣の問題ですが、もちろん元々は「ず」と「づ」には発音の相違もありました。実際例へば織田信長のころのキリシタン教義書『どちりいなきりしたん』などは日本語をローマ字で表音的に書いてゐる本ですが、「ず」の音は、

叶はず　canauazu
足らはず　tarauazu
数　cazu

といふやうに zu と表記し、「づ」の方は、

名づくる　nazzuquru
みづから　mizzucara
出づる　izzuru

のごとく zzu と書いてゐて、この区別は厳重で乱れがありません。つまりそのころは発音がはつきり分かたれてゐました。この「づ」zzu は今の国際音声記号では、dzu とされるものでせう。

この区別は江戸期には急速に失はれて、「はず（筈）」と書くべきところを「はづ」とした例などがいくらでも現れます。たしかに「ず・づ」の使ひ分けは、「混ず」「出づ」など動詞の場合は難しくないけれども名詞などでは大いに迷ふことがあります。蚯蚓（みみず）や傷（きず）、数（かず）、

鼠（ねずみ）などは「ず」で、屑（くづ）、泉（いづみ）、水（みづ）などは「づ」なのですが、これは少々厄介です。もつともこれは比較的簡単な覚え方があつて、便利な覚え歌がある。「づ」の例が多くて「ず」は少ないので、「ず」の例を覚えるためのアンチョコです。例へば、

準（なずら）へて鼠雀に鵙鱸（もずすずき）　蚯蚓の数もずのかなぞかし

といふわけですが、それでもやはり少しは面倒ですね。江戸期の人もやはり厄介だと思つたのでせう、元禄八年には特にこれを問題とした書物まで現れてゐます。『蜆縮涼鼓集（けんしゆくりやうこしふ）』がそれです。筆者がだれかはよくわかつてゐないやうですが、もちろん国学の教養をそなへた人だつたでせう。書名の読み方は振りがなのとほりですが、「しじみ（蜆）」「ちぢみ（縮）」「すずみ（涼）」「つづみ（鼓）」のかなを問題として書き分けを検討・列挙したものです。世間では乱れてをるが、みなみな取り違へるでないぞ、といふ気持で書かれた、優れた指導書です。当時の知識人の、日本語に対する「愛と尊敬の書」であると私などは思つてゐます。

　さてそのやうに、ず・づの区別は乱れがちだつたのですが、それでも謡曲などの謡ひ方には長く残されましたから、能楽師の間では現在でも少しは伝はつてゐるのではないでせうか。九州・四国の一部では一般人の間に今も残るさうです。

仮名遣といふのは、表記が一応安定したところに発音の変化が生じたために起つた発音・表記のずれによつて意識されるやうになつたものですから、歴史的仮名遣は原則として昔の発音と考へていいものです。当然そこには語源も生きてゐるし歴史的に形成された語意識も反映してゐるわけです。歴史的仮名遣を大切にするといふことは、それらを大切に保持しようとすることでもありますから、私には、これは誇張でなく、人間として保持すべき態度といふやうに思はれます。

なほ序（つい）でですが、今挙げた「叶はず」は、『どちりいなきりしたん』で、canauazu と表記されてゐます。つまり、「は」文字に当る部分は ua となってゐます。ha でも fa でもない。

これは現代仮名遣でははつきりワの音だとされて「叶わない」と書くことになつてゐますが、昔も今もワの音ではないのです。私たちが今、「わが国」と言つたり「わたる世間」と言つたりするときの「わ」と、「僕は」とか「言はない」とか言ふときの「ワ」音は違ひますね。ちよつと発音してみてください。キリシタン文献でも「わざはひ（禍）」などは、vazauai となつてゐる。このやうに昔の転写表記も違ふし、現在の私たちの発音からしても決して同音ではない。もちろんこのことはポルトガル語の書記法上の制約もあることですから話は単純ではないにしても、同音でないことは確実です。かういふところからも現代仮名遣といふものの無理がうかがはれるやうに思ひます。

さて「混ズル」に関してはこんなところでせう。

次は「出ヅル」です。「で　で　づ　づる　づれ　でよ」となる。

これは『どちりいなきりしたん』の表記も紹介しましたが、そこでは「づ」表記はzzuであり、「出づる」です。

これは名詞ではないので、簡単な推理で「づ」と確定できます。やはり五十音です。「出で立つ」といふ言葉さへ浮かべば、これは「だぢづでど」の「で」ですから、出ズルは当然「出づる」である、といふだけのことです。

次は「植ヱ」。

ゑ　ゑ　う　うる　うれ　ゑよ

といふ活用であり、ワ行下二段です。終止・連体・已然に現れる「う・うる・うれ」の「う」は、ワ行の「う」で、ア行の「う」ではありません。この語、現在下一段になって、「植ゑナイ、植ゑマス、植ゑる、植ゑるトキ、植ゑれバ、植ゑろ」。

ところでこの、ワ行下二段活用の語は、おぼえておけばいい、三つしかない。

「植う」「据う」「飢う」です。これはワ行。「植ゑて」「据ゑて」「飢ゑて」となる。「餓う」も加へれば四つです。ここに見える「う」はワ行なのですが、ア行の語もあります。それは「得」「心得」のわづか二語。「心得」は「得」の複合語ですから実質一語。

え　え　う　うる　うれ　えよ

となります。口語では「え　え　える　える　えれ　えろ」。この「え」はヤ行ではなくア行です。

ラ行変格活用――ラ・リ・リ・ル・レ・レ

ちよつと変つた活用の型を持つてゐるので変格活用とされる一つです。

ら　り　**り**　る　れ　れ

終止形の語尾が「り」でイ段であるところが変つてゐます。「あり」「をり」などがこの型です。四段と似てゐますが、四段は例へば「刈る」といふ動詞で見ると、

ら　り　**る**　る　れ　れ

で、終止形だけが異なつてゐる。

仮名遣で注意するのは、先にも言つたやうに意志・推量の助動詞「う」が附いてアロー

となつたときも「あら」は生き続けるといふ点です。

「困難も**あら**うと思ふ」

といふ具合です。

「居る」は「をる」。シテ**イル**、シテ**オル**は「ゐる」「をる」であることを知つただけで旧かなは何割かマスターしたことになるといふことは何度も言ひました。なにしろ使ふ機会が多いでせうから。

ナ行変格活用――ナ・ニ・ヌ・ヌル・ヌレ・ネ

な　に　ぬ　ぬる　ぬれ　ね

となる。この種類は「死ぬ」と「往ぬ」の二語だけです。

今、この語は四段になつてゐて、

な　に　ぬ　ぬ　ね　ね

の形ですが、まだ方言の中には「いま**死ぬる**のは早い」などと古言が生きてゐる地方もあります。「往ぬる」などは普通ずゐぶん古めかしく感じられる語かと思ひますが、もちろんまだ生きてゐる地方もあります。日本の西半分ではほとんど生きてゐるのではないでせうか。かうした形で古語の語形が残る例は文字通り無数です。

なほ「死」といふ漢字は音読みでシですが、これはやまとことばの「死ぬ」のシとは関係がありません。偶然です。

カ行変格活用――コ・キ・ク・クル・クレ・コヨ

これは「く（来）」一つです。

こ　き　く　くる　くれ　こよ

といふ活用です。この語は口語でも変った形で、

こ　き　くる　くる　くれ　こい

となります。

サ行変格活用――セ・シ・ス・スル・スレ・セヨ

これは「す（為）」と「おはす（坐す・在す）」の二つだけですが、「す」はナニナニす、といふ形でいろいろなものが上にきますから、かへつて無数にあることになる。「噂す」「連続す」などです。活用は、

せ　し　す　する　すれ　せよ

口語では、未然形に「しナイ」「さセル」などもあり、また「せヌ」といふ文語もまだ口語文脈で十分使はれるといふことから「し・さ・せ」の三つを立てます。「し」を代表させて活用の形を示すと、

し　し　する　する　すれ　しろ

となります。

ところで雑談ながら、「来る」とか「する」とかいふ最も使用頻度の高いと思はれる動詞の活用が、非常に不規則でまさに「変格」といふしかないものとなつてゐるのは面白い現象ですね。私たちが中学に入るとすぐ習ふ英語などでも、「来る」「する」の意味の動詞変化はまことに不思議な形をしてゐます。国語の「く」「す」もあまりにも長い間使ひ古されてゐますから、はるか上代に、例へば下二段活用かなにかであつたものの変化が完了してしまつてゐたのではないか、と私などは想像しますが、もちろん単なる想像です。

さて動詞の活用の種類はひと通り挙げました。ここで特に注意してもらひたいのは、活用語尾がどれも実にきれいに並んでゐて、五十音の一行の中に納まるといふ点です。繰り

返し言つたやうに、そのために歴史的仮名遣を使ふのが実にやさしくなつてゐるわけです。

四段「言ふ」は　「は　ひ　ふ　ふ　へ　へ」　はひふへほ
上一段「ゐる」は「ゐ　ゐ　ゐる　ゐる　ゐれ　ゐよ」わゐうゑを
上二段「老ゆ」は「い　い　ゆ　ゆる　ゆれ　いよ」やいゆえよ
下一段「蹴る」は「け　け　ける　ける　けれ　けよ」かきくけこ
下二段「出づ」は「で　で　づ　づる　づれ　でよ」だぢづでど
ラ変「有り」は　「ら　り　り　る　れ　れ　」らりるれろ
ナ変「死ぬ」は　「な　に　ぬ　ぬる　ぬれ　ね　」なにぬねの
カ変「来」は　「こ　き　く　くる　くれ　こよ」かきくけこ
サ変「す」は　「せ　し　す　する　すれ　せよ」さしすせそ

第三章　正しい五十音を知ってゐますか

教科書にも辞典にも五十音図がない

さてここまで言ふとはつきりしたことは、五十音は必ずおぼえなくてはならぬ、といふことです。

歴史的仮名遣と言つたつて大しておぼえることはないサとばかりに話してきましたが、これだけは必ずおぼえなくてはならない。

なにもさう力むことはないぢやないか、知つてるよと言ひたい人が多いでせうが、私はあまり信用してゐません。たいていの人が書けない。失礼ながら読者のあなたもあやしい。ちよつと書いてみてください。

もう三四十年（さんしじふ）も前でせうか、東大の先生から聞いたことがあります。文学部の学生百人ばかりに書かせてみたところ、七割程度の学生しか正解できなかつた、とのことでした。今は三割もあやしいのではないかと私はにらんでゐますが、どうでせう。

前置きはこれくらゐにして、五十音図は次の通りです。

あいうえお　　アイウエオ

かきくけこ　カキクケコ
さしすせそ　サシスセソ
たちつてと　タチツテト
なにぬねの　ナニヌネノ
はひふへほ　ハヒフヘホ
まみむめも　マミムメモ
やいゆえよ　ヤイユエヨ
らりるれろ　ラリルレロ
わゐうゑを　ワヰウヱヲ

これは皆さん、案外に貴重な一覧ですよ。といふのは、現在出版されてゐる書物では滅多に見ることができないからです。

まづお子さんお孫さんの国語の教科書をのぞいてみても、決してと言つていいぐらゐ書いてない。国語辞典にもまた、ない。

私はいろいろな国語辞典で五十音がどうなつてゐるか少し調べてみたことがあります。

ところが書いてないものがずゐぶんある。手持ちの十八種類の国語辞典を見てみましたが（もちろん戦後のもののみ）、よしとしていいものは『精選国語辞典』初版（明治書院）、『現代国語例解辞典』第二版（小学館）など七種類しかありませんでした。

例へば『新明解国語辞典』第二版（三省堂）は学校の先生方も薦める有名な辞典ですが五十音図は出てゐない。「ごじゅうおんず」の項を引いても出てくるわけではない。『明鏡国語辞典』初版（大修館書店）にもない。明らかに五十音方式で配列した辞典なのに、その五十音がどんなものなのかが書いてない。もちろん穴空き五十音図は出てゐますよ。しかしあれは五十音図でない。四十六字しかありません。表紙見返しにもなく巻頭の凡例にもなく、巻末附録にもない。ほとんど怪文書です。

『広辞苑』（岩波書店）、『角川国語大辞典』（角川書店）などは表紙見返しに完全なものが「五十音索引」として出てゐます。ところが本文が変です。

例へば「ワ行」を引くと『広辞苑』にはかうある。

五十音図の第一〇行。ワ・イ（ヰ）・ウ・エ（ヱ）・ヲ。

『角川国語大辞典』にはかうある。

五十音図の第十番目の行。「ワ・イ（ヰ）・ウ・エ（ヱ）・ヲ」の称。

つまり両辞典とも「ワ行」の正規の形は「ワイウエヲ」であるが、ときに「イ・エ」は「ヰ・ヱ」と書くこともある、と説明してゐるやうに見えます。「見える」といふより、さう解釈するより方法がない。すなはちこの辞典の説明は間違ひです。

『大辞林』(三省堂)や『大辞泉』(小学館)などは、表紙見返しにはまともな五十音図は載せてゐませんが、本文ではきちんと「わ・ゐ・う・ゑ・を」だと書いてある。せめてもの見識です。

教科書にない、辞典にない。さてどうするか。

私は『日本語の知識』(玉川大学出版部)といふ本を持つてゐますが、あれこれ書いてはあつても五十音は出てこない。林大(はやしおほき)監修『図説日本語』(角川小辞典)五百九十七ページを探しても出てゐない。驚いたことに『日本語百科大事典』(大修館書店)でも見ることはできません。千五百五ページの大冊。責任編集金田一春彦、林大、柴田武の各氏。なるほど、戦後の国語改革、国語破壊を先導してきた闘士たちです。五十音図などは、まがまがしい呪文のやうにしか見えないのでせう。

みなさんはしつかりと目に焼き付けてください。ヤ行・ワ行には特にご注意を。

がぎぐげごほかの濁音については、ただ濁点を附けるだけです。「日本語音韻一覧」といふことになれば「きゃきゅきょ」の類つまり拗音も挙げることになりますが、国語歴史的仮名遣において使ふことはありません。「吸収」などはなるほど発音はキューシューのごとくになりますが、これは漢語、外国語です。また「吸収」をかなで書くことはふつう考へられませんが、仮に書くとしても、字音仮名遣で「きふしう」となります。キュもシュも現れない。

字音仮名遣については百三十四ページ以下、二百六ページ以下をどうぞ。

また国語においても例へば、「キョーワ、タノシューゴザイマシタ」のやうな場合、

今日は、楽しうございました

となる。キョもシュも出てこない。

もちろん、音そのものを写さうとするときは現れますよ。ぎゃあ、ピュー、ジャジャーンといふわけです。

シューにはがまんがならない

今ここに出てきた「楽しう」に引つかけて、せつかくですからここで形容詞・動詞の「音便」といふことについて少しまとめて言つておきます。イヤ、難しい話ではありませ

ん。「**楽しう**過ごす」は「楽しゅう」ぢやありませんよ、といふ話です。

「楽しい」といふ形容詞の終止形は「たのしい」です。これが「**たのし**からウ・**たのし**く
テ・**たのし**い・**たのし**いヒト・**たのし**けれバ」といふふうに活用変化する。その際「たの
し」の部分は変化しないのでこれを語幹といひます。この語幹は、どのやうに応用変化し
た場合でも「幹」ですから変らない。つまり、

たのしく過ごした

うつくしくなった

とある語尾の「く」が音便で「う」に変り、タノシュー、ウツクシューといつた発音にな
る場合でも語幹「たのし」「うつくし」は不変です。

楽しう過ごした

美しうなつた

となる。ここあたりは国語の体系性、歴史的仮名遣の合理性と堅固さがよく感じられると
ころです。この形容詞の語幹といふもの、少し注を入れておくと、文語「たのし」「うつ
くし」などについては語幹を「たの」「うつく」として文法記述上は処理されますが、こ
れは活用表の形を整へるためのいはば便宜的処理であつて、実質的には「たのし」「うつ

くし」までを語幹として差し支へありません。

私は以前、ある俳句結社の人たちの作品について、仮名遣の手入れを頼まれたことがあつて、少し見たことがあります。こんなのがありました。

おはようの高き声する入園式

一字しか字余りではないのにだらりと長い感じがするのは、要するに失敗作といふことなのでせうが、それはともかくこの仮名遣はまづい。

「おはよう」は「お早う」ですから、「早い」「早し」の語幹「はや」はあくまで生かして、「お**はや**う」でなくてはならない。「はやう」は「はやく」の音便で「く」が「う」に変化したものです。

ありがたくぞんじます　↓　**ありがた**うぞんじます
お**はや**くござる　↓　お**はや**うございます
美しくおなりだ　↓　**美し**うおなりだ
たかくなりましたね　↓　**たか**うなりましたね

形容詞の仮名遣で注意が必要なのはこれだけと言つていいのぢやないか。

「美しう」などは新かなでは「美しゅう」と書くことになつてゐますが、なにかピンとこない感じはありませんか。あなたはウツクシューと発音してゐるでせうか。シューの部分は「しく」が意識の下にあつて、「シウ」に近い柔らかな、おつとりした発音をしてゐるのではないでせうか。

ここにちよつと紹介したいのは浅田次郎さんの小説『輪違屋糸里（わちがひやいとさと）』、これは新撰組を意外な視点から描いた傑作だと私は思ひましたが、いまはその話ではなく仮名遣です。この小説は新かなで書かれてゐます。中にこんなせりふがある。京都壬生（みぶ）の八木邸に世話になつてゐる永倉新八に、八木の亭主が語りかける言葉です。

> お湯でも使わはって、ゆるりとお休み下さい。前川の屯所は**やかましうて**、昼には寝られしまへんやろ。（上巻・二百五十一ページ）

またこんなせりふもある。八木邸のおかみのせりふです。

> 新見はんが亡うならはってからというもの、芹沢先生は借りてきた猫のように**おとなしう**ならはりましてな。ゆんべも十五夜やいうのに、月見酒どころかどこにもお出かけにならんと、あたりが暗うなるまでお庭いじりをしたはりました。（下巻・百六十一ページ）

実に興味深い例です。「やかましうて」とか「おとなしう」とかいふのは、新かななら

「やかましゅうて」「おとなしゅう」と書かなくてはならないのです。それが「現代仮名遣い」の方式です。内閣告示「現代仮名遣い」本文第1節第5項3号にちゃんと例示してある。ところが「やかましうて」「おとなしう」とある。

これはなにも浅田さんがまちがへたのではなくて、「やかまシュー」「おとなシュー」とするのに忍びなかつたからです。日本語はそんなつぶれた発音の、口をとんがらかしたやうな言葉ぢやないといふ、作家の感覚からきたものです。ましてこのせりふは、京都の古い大店(おほだな)の亭主やおかみの言葉ですから、とても戦後新かなで表記する気にはならなかつた――。

京の人だけではありません。多摩の百姓あがりだといふ近藤勇のせりふにもかうある。

おはようござりまする。本日はあいにくの雨もよいではござりまするが、勤務上番の者どもは用意万端おさおさ怠りなく、非番下番の隊士はそれぞれに**おとなしう**英気を養いまする。何かご無礼がござりましたなら、遠慮のう拙者にお報せ下されよ。(下巻・百五十七ページ)

作者浅田次郎さんは「おはよう」は我慢してもシューには我慢がならないのです。これは編集部からは指摘されたはずですが、浅田さんはシューにすることを承知しなかつたのでかうなつた。かういふことは出版社の編集者は見落すはずはないのです。

右二番目の引用部には「亡うならはって」とありますが、これは私が想像するに、「亡(な)うならはって」と作者はルビを附けてゐたのではないか。

新かななら「亡(の)うならはって」です。しかし「のう」なんてこんな日本語はない。そこで浅田さんは「亡(の)う」と直すことを承知しなかつた。編集部は食ひ下がつた。そこで、エイ、取つてしまへ、となつた。

ま、勝手な想像ですが私はそんな想像をしてゐます。

三番目の引用部には「遠慮のう」といふ表記が見られますが、これも作者はあまり書きたくなかつたはずです。「のう」は「無(な)く」の音便「無(な)う」なのだから日本語の自然な構造からして「なう」なのです。「**無(な)うて**」「**無(な)うなる**」の表記、まことに自然な表記ですね。「のう」では何のことかわからない。

少し並べてみませう。

形容詞	連用形	音便	発音（近似値）
無し	なく	**な**う	ノー

少なし	すくなく	**すくな**う	スクノー
高し	たかく	**たか**う	タコー
多し	おほく	**おほ**う	オーオ
早し	はやく	**はや**う	ハヨー
深し	ふかく	**ふか**う	フコー
正し	ただしく	**ただし**う	タダシュー
麗し	うるはしく	**うるはし**う	ウルワシュー
大きい	おほきく	**おほき**う	オオキュー
弱し	よわく	**よわ**う	ヨウォー

右一覧でちよつと面白いのは「弱う」です。「弱し」の仮名遣は「よわし」。ワが入つてゐる。ローマ字で仮に書いてみると「弱う」は、yowau となる。これを自然に、無心に読めば「ヨウォー」といつた具合になる。「ちかごろヨウォーなりましてな」といふ具合になる。語幹の発音が残るわけです。

さて形容詞に関はる仮名遣であと多少注意すべきなのは、新かなで「よかろう」「楽し

かろう」となるものくらゐか。もちろん、

よからう
楽しからう

が正解です。

文語の「よから＋む」「たのしから＋む」からきたもので、形容詞の未然形「よから」「たのしから」は当然に表記に残るわけです。

新かなでは言葉の意味がわからない

次は動詞の音便です。

魚食うて口なまぐさし昼の雪

作者夏目成美（せいび）といふ人は江戸は浅草蔵前の札差（ふださし）、つまりはお金持でした。小林一茶（いっさ）と親しく、といふよりは一茶の庇護者でした。和歌の方の批評用語に「たけ高し」といふのがありますが、清明で洗練された「たけ高い」作風の人と言っていいでせう。

それはそれとして仮名遣の件です。「食ふ」は仮名遣はもちろんハ行四段で「食ふ」となるわけですが、「て」に続くと「食うて」となるのが正しい歴史的仮名遣です。

「食うて」だと新かなと同じ形なので、つい「食ふて」とやりたくなる。現代の俳人たちもよく間違へるので、俳誌にはよく、これに気をつけるやう注意が見られます。

与謝蕪村(よさぶそん)に、

菴(いほ)買ふて且うれしさよ炭五俵

があり、また服部嵐雪(はっとりらんせつ)に、

何の音もなし稲うちくふて螽(いなご)かな

などがあるものですから、これでいいと思つてしまひがちですが、さうはいかない。

だいたい私たちが歴史的仮名遣と言つてゐるのは元禄ごろに亡くなつた契沖(けいちゅう)の研究が基礎になつてゐるのですが、この契沖は芭蕉と同時代の人です。江戸の俳人たちが仮名遣といふことにそれほど注意してゐたとは思へません。いや、注意したでせうが、よくわからないものがいくらでもあつたわけです。

さて「食(く)うて」の件、理屈は単純に次のやうに考へればいい。

ハ行四段動詞「食ふ」にナニナニして、といふ場合の「て」が接続する場合、本来の形は「食ひて」です。この語尾「ひ」はしばしば「う」に変化するといふ音便の現象を起す。「ウ音便」といひます。つまりは「食うて」となる。語幹の部分は当然崩せない。

［動詞］	［連用形＋て］	［音便］	［発音（近似値）］
会ふ	**あ**ひて	**あ**うて	オーテ
買ふ	**か**ひて	**か**うて	コーテ
洗ふ	**あら**ひて	**あら**うて	アローテ
祝ふ	**いは**ひて	**いは**うて	イオーテ
歌ふ	**うた**ひて	**うた**うて	ウトーテ

以下同様となる。発音はそれぞれ下段のごとくになる。語幹は太字にしました。

［動詞］	［連用形＋て］	［音便］	［発音（近似値）］
戦ふ	**たたか**ひて	**たたか**うて	タタコーテ
匂ふ	**にほ**ひて	**にほ**うて	ニオーテ
似合ふ	**にあ**ひて	**にあ**うて	ニオーテ
違ふ	**ちが**ひて	**ちが**うて	チゴーテ
慕ふ	**したひ**て	**した**うて	シトーテ
担ふ	**にな**ひて	**にな**うて	ニノーテ
喰ふ	**くら**ひて	**くら**うて	クローテ

見舞ふ　**みまひて**　**みまうて**　ミモーテ

これが歴史的仮名遣の要領の大きなひとつで、実にわかりやすくできてゐます。「会ひて」の音便形「会(あ)うて」は新かななら「おうて」となる。「会ふ」といふ元の語は消える。「買(か)うて」は「こうて」となる。「買ふ」の「か」が消える。「会ふ」から「あ」が消え「買ふ」から「か」が消えたんぢや、動詞の中心概念が宙をさまよふ。幽霊化する。

これはたまらん、やはり新かなはダメだと私は思ひます。

なぜダメか。それは要するに言葉の意味がわからなくなるからです。日本語がわからなくなる。読み取れなくなる。歴史的仮名遣といふのは結局、文の意味を読み取りやすくする、地球に、イヤ人にやさしい表記体系だといふことです。

百人一首、蟬丸(せみまる)の歌にこんなのがある。

これやこの行くも帰るも別れては知るも知らぬもあふさかの関

（都から旅立つ人も都に帰つてくる人も、また知つた人も知らない人も、ここで別れてはまた逢ふことになるといふ、これがその逢坂(あふさか)の関なのだなあ）

このやうにこの歌の意味がわかるのは、「逢坂」が「あふさか」であつて「あふ」が含まれるからです。これは新かなならば「おうさか」ですが、これでは「あふ」といふ語との連絡がとれません。懸詞（かけことば）が成立しない。つまり解釈不能となるのです。

困りますね。旧かなでないと国文解釈といふものは成立しません。

今挙げた例は百人一首であり後撰集であつて、なるほど古典です。しかし、死んでゐますか？　私は生きてゐると思ひますし、できるだけ読み取つて楽しみたいものと思ひます。さうは思はない、といふ人は、さやう、人間の類型を異にするといふしかないでせう。

ピアノ・三味線禁止論

もつとも、古文などわからなくてもよい、わからない方がよい、と言ふ人は現実にあるのです。そしてさういふ人は当然ながら例外なく歴史的仮名遣の排撃論者です。自分が知りたくないものはこの世に不要である、といふ信念の持ち主です。あるいは、自分は知つてゐてもいいが一般庶民は知らない方がよい、といふ思想の持ち主です。

この本は、旧かなはわかりやすくて楽しいから皆でおぼえて使ひませうよ、といふ趣旨のものですから、彼らは手にも取らないでせう。ですから私も安心して言ひますが、その種の人はやはり知的に相当に劣る人だと思ひますよ。自分は知らなくともこの世には大切なものがたくさんあるはずで、少なくともそれらに敬意だけは持つべきものではないでせうか。

私は例へばピアノも三味線も弾けませんし、これから修業する気もありませんが、しかし習ふことが禁止されたら怒りますよ。もちろん人にピアノ・三味線は忘れろのやめろのと言ひはしない。当り前の敬意を持つてゐるからです。

戦後、仮名遣を変へなければならないと強力に主張して、国語審議会委員として大活躍した人に松坂忠則といふ人があります。この人はピアノ・三味線禁止論者でした。いやピアノ・三味線については言はなかつたけれども、『源氏物語』についてははつきりと言ひました。

新かな一辺倒では日本古典が読めなくなるではないかといふ批判に対して松坂氏は、これからの日本人は古典など読む必要は全くない、『源氏物語』を読まうなどといふのは知識人の自己満足にすぎず、国民としては贅沢であり不要である、と論じました。ピアノ禁止論にほかなりません。

私は松坂氏のこの主張を本でも読みましたし、また講演で直接聞いたこともあります。古典なんか日本人には要らないんだと演壇で獅子吼(ししく)するその姿に、私は不気味なものを感じたものです。

かういふ人たちの「努力」によつて出来上つたのが「現代かなづかい」といふものでした。なるほど、古典が解釈出来なくなるのは当然で、彼らの狙ひはかなり達成されたわけです。しかし今の私たちは、もうこんな古い人たちの軛(くびき)から免れてもいいのではないでせうか。

「現代かなづかい」や「当用漢字」が告示されたのは昭和二十一年ですが、翌二十二年には文部省が、「学習指導要領国語科編」を発表しました。その中で文部省は、次のやうに高らかに宣言してゐます。

中学校の国語教育は、古典の教育から解放されなければならない。（第四章「中学校学習指導要領」）

「解放」とはよくも言つたものです。当時の文部省にとつては、古典といふのは奴隷制度のやうなものだつたのでせうね。なんとも古めかしい感覚です。もつとも、その古めかしい感覚をそのまま現在に保持してゐる学者もたくさんあります。その中でスターと言ふべき人の一人に北原保雄さんがあります。

この人は「国語」廃止論者で、いや「国語」といふ言葉廃止論者で、台湾や韓国の人が自分らの言葉を「国語」と称するのは当然だが、日本人が自分らの言葉を「国語」と言ふのはこの国際化の時代、許せぬ夜郎自大であり自己中心的態度であり外国人差別であるといふ意味のことを述べてゐます。まさかとお思ひでせうが本当ですよ。『月刊日本語論』創刊号（山本書房・平成五年十一月）『『日本語』か『国語』か』がそれです。北原さんは国語学者で、教員養成大学の最高峰といふべき筑波大学の学長を長く務めた人です。もちろん自らを国語学者だとは言ひません。「日本語学者」と称してゐます。

さういへば歴史の方の人でも例へば、長い袖や裾の着物といふものは封建日本の女性抑圧の実効的装置であるなどと「マジ」に論じた論文が今も出てゐます。これは私は何十年も前に聞いたことがあつて冗談だと思つてゐましたが、さうではなくて本気なのです。

かういふ人たちは日本といふものが恥づかしくて嫌ひでしかたがないのでせう。今に富士山なんかも、あんな日本くさいものがあつては日本の恥であるなどと言つて切り崩さうとするんぢやないか。

この種の人たちの議論で少し気になるのは、極めて政治主義的だといふことです。歴史的仮名遣がわかりやすいかどうか、漢字制限は合理的かどうか、といつた問題意識はほとんど見られない。政治的思想的信念・思ひ込みとなればまともな議論はふつう成り立たなくなるので、私も彼らの主張はかうして少し紹介するだけにとどめませう。

『シクラメンのかほり』は誤用

さていろいろ言ひました。音便のことでしたね。音便仮名遣要領はこんなところです。同じ四段活用動詞でも「飛ぶ」「呼ぶ」「頼む」などは「飛んで」「呼んで」「頼んで」といふ撥音便を起してこのまま書けばいいのですが、少し古い時代には「飛うで」「呼うで」「頼うで」とも言ひました。

音便とは要するに発音の便宜によつて、つまり発音しやすいやうに形を変へることです。文字通り発音(おん)の便(びん)宜に出たもので本来の正格ではありませんが、便宜的に「う」と書く平安朝後半以来の長い伝統があつて、それが歴史的仮名遣として定着した、といふ次第です。昔、契沖や本居宣長(もとをりのりなが)のころには「穏便」とも書くことがありましたが、たしかに穏便な話です。

いつだつたかＮＨＫの歌謡番組で佐良直美が歌つてゐるとき、画面の下に入つてゐる歌詞に、前後は忘れましたが「笑ふて」といふ文字が現れた。ああ、またか、と思ひました。「笑ふて」は旧かな風ではあるけれども旧かなではない。正しくかな書きすれば「わらうて」です。

旧かなで表示する気は全くないＮＨＫが、新かなではないことが一目でわかる「笑ふて」なんぞをなぜ出すのでせうか。不思議な話ですが、たしか「会ふて笑ふて」ナントカといふドラマもあつたと思ひます。よく見るのですよ、「向ふて」「装ふて」「めぐり会ふて」の類を。

昭和五十年、布施明のヒット曲『シクラメンのかほり』も、新かなではないことがわかつてゐるのにやる。カオリは正しくは「かをり」です。もつともこの「かほり」の件は、平安朝以来の「誤用の歴史」があるのですが。

やはり彼らも、たとへ正しくはなくとも旧かな風の方が、カッコいいと思つてゐるのではないでせうか。なにも無理をすることはない、カッコいいと思つたら素直に従ふのが先端的現代人といふものでせうに。

手こずるものには「おぼえ歌」

さてここまでで、歴史的仮名遣のポイントらしきものには大体触れました。旧かな基礎はこんなものです。いや、基礎とは言ひましたが本当にこの程度のものなんです。

動詞・形容詞の活用に関はること、音便の表記のこと、五十音のこと、さうです、だいたいこれで旧かなはいけるはずです。

もちろん何にでも例外はあるもので、ことに名詞には少し手こずることがないではありません。例へば岩は「いわ」か「**いは**」か。皺は「しは」か「**しわ**」か。（太字正解）。

しかし、さういふ時は便利な「おぼえ歌」などがある。例へば、

皺(しわ) **撓み**(たわみ) **理**(ことわり) **弱く**(よわく) **いわけなし** **慌て**(あわて) **噪ぐな**(さわぐな) **乾く**(かわく) **爽やか**(さわやか)

といふわけです。語中語尾のワ音はほとんど「は」ですから、「わ」になるものは例外で少ししかない。そこでその例外をよみ込んだのが右のおぼえ歌です。巻末に少しまとめて挙げておきませう（二百十八ページ以下）。

それにしても無限にある単語の中にはおぼえ切れないものもあるし、不明なものもある。どうせ全部は記憶できないのですから、そのために国語辞典があります。本書では国語辞典ではすぐには判断がつけにくい事柄に関して主に言つてゐます。

まあそんなわけで当然制約はありますが、でもほとんど見当がつくはずです。

そこで、例へば次のやうな短歌の文字遣ひについて、少し眺めてみませう。

新かな短歌は解釈不能

比較的最近の「朝日歌壇」にこんな歌が出てゐました。

春落葉巻き上げし風楠の若葉吹くとき光ともなう

この歌は文語の短歌ですから当然旧かなです。それで下の句を解釈するとかうなる。

若葉を吹くとき、（その風は）なにか光そのものとも思へたが、あるいはさうでもないのであらうか、さて——。

と、やや強引かもしれませんがだいたいかういふ意味に解釈されます。ところが実は、「朝日歌壇」は文語の歌・口語の歌の別なく新かなに統一してゐるのです。それを思ひ出さなくてはならない。さうでないと解釈不能です。新かな「ともなう」は本来「ともなふ」でせうから、それに気づくと決して右のやうな意味にはならない。

若葉を吹くとき、（その風には）光が伴つてゐる。

といふ具合になる。新かなならば、「伴ふ」といふ動詞の言ひ切りでこんな意味になる。旧かな「ともなう」ならば、ナニナニ「とも無く」の音便表記ですから先のやうな意味になります。全くの別物です。この歌は、「朝日」である「新かな」である、といふ注を附けなくては解釈不能であつて、その注を去つたときの独立の価値はゼロである、といふことになります。作者は、「朝日」は新かなに統一することを知つた上で「朝日」に投稿したのでせうから、「ともなう」は「伴ふ」のつもりなのでせうが。

ある日の「産経俳壇」にはこんな句が出てゐました。

つらつらと思ふ生い立ち夜は長し

これなどは旧かな新かなのまぜこぜ同居俳句で、さすがにこれほどみつともないものは滅多にないのではないか。もちろん、「生い立ち」は「生ひ立ち」でなくてはなりません。選者は皆さんごぞんじの俳人です。

私が残念に思ふのは、これで見ると俳人たちの間には、仮名遣に気をつけようなどといふ精神は地を払つて消滅してゐるらしい、といふことです。

かつて私はある俳句雑誌で、文法や仮名遣に気をつけるといふことと「文学としての俳句」とは対立する概念であり互ひに矛盾するものだ、といふ意味に取れる俳人の文章を読んだことがあります。しかし文法を取り違へたら当然意味不明となつたり別の意味になつたりするし、仮名遣といふのは語のスペリングです。意味が通ずるやうに、スペリングを間違はないやうに書けば「文学」が害はれる(そこな)といふものでもないのではありませんか。

ほかの場所でも挙げましたが、あるとき「朝日歌壇」でこんな作品を見ました。

沢水の音さわやかに注ぎいる青わさび田に春の雪降る

ここに「注ぎいる」といふ句があります。これはおそらく近頃の悪しき流行語法で、作者のつもりでは「注いで居る」の意味ではないかと思はれます。しかしさうとは決められない。「注ぎ入る」かもしれない。その方が和歌表現としてははるかに緊密だ。

これが歴史的仮名遣で書かれてゐたら、「入る」の意味なら「いる」、「居る」の意味なら「ゐる」と書き分けられることになる。一見して意味明瞭です。ところが新かなで「いる」とあるために、この作品は決定的に「解釈不能」なのです。

今引いた俳人の言葉からすれば、このやうに「意味不明」であることによつて「詩」となつたといふことなのかもしれませんが、それは通常人には通じない話でせう。

せつかく苦労して和歌俳句を作るのなら、意味がわかつて便利であり、しかも「伝統としては正しい」旧かなを使つた方が、損得勘定から言つても「得」だと私などは思ふのですが。

「子を抱きし骸」ではホラーの世界

またこれは直接仮名遣の問題ではありませんが、こんなこともある。私は以前仮名遣を論じた本の中で、次のやうな短歌を挙げたことがあります。「産経歌壇」武川忠一選です。

この度は土星をつれし満月を又も出て見る凍てしベランダ

また「朝日歌壇」前川佐美雄選。

子を抱きし骸(むくろ)もありぬ兵われら八月七日の広島に入りし

傍点の「し」に注意してもらひたいのですが、これは誤用です。

「し」は、過去の助動詞といはれる「き」の連体形ですが、この「き」は、時間的にはつきり過去に属する事実を述べる語で、文法書によつては「目睹(もくと)回想の助動詞」と言つてゐるものです。つまり、自分が目にした現実を回想する。

「土星を連れし」の歌で、この満月は作者の目の前にあり、その満月が土星を現在(いま)伴つてゐるのです。現在の状態を詠んでゐる。昔、土星を連れたことがあるといふのではありません。また、ベランダは現在凍てた状態にある。以前、凍てたことがあるといふのではありません。だから「し」でこの情景を表現することはできません。「この度は土星伴ふ満月を又も出て見る凍てたるベランダ」とでもしなくてはならない。

だから間違ひ、誤用なのですが、私たちはこれを指摘するときに、「し」は過去の現実体験を表す助動詞「き」の連体形であるからここには使へない。完了の助動詞を使つて

「連れたる満月」「凍てたるベランダ」が本当だ、といふ具合に述べます。

かういふ指摘は、「文法にこだはつた」ものと見えるかもしれませんが実は全く違ふ。指摘する際にいはゆる文法用語を使つてゐるに過ぎず、実際は単語の知識の問題です。「たる」を「し」と言つてはいけませんよといふ指摘は、チョーチョをトンボと言つてはいけませんよ、と言つてゐるのと全く同じことです。

言ひ換へればこの作者は（選者も）、「連れし満月」「凍てしベランダ」といふ日本語の意味がわからなかつたのです。

文法の問題ではありませんね。

「子を抱きし骸もありぬ」の歌も全く同じで、典型的誤用です。子を抱いたのは過去の事実なんだからいいぢやないかなんて言つてはいけませんよ。「子を抱きし骸」と言ふ以上は、「子を抱くといふ、行為・動作をなしたところの骸」といふ意味となつて、これではホラーの世界です。この歌で言ひたかつたことは、「子を抱いた状態においてそこにあつた骸」といふことでせうから、これは「子を抱きたる骸」でなくてはならない。

一方「骸もありぬ」の「ぬ」は、これは反対に「き」が正しい。

やはりこの作者は（選者も）、「子を抱きし骸もありぬ」といふ日本語文の意味がわからなかつたのです。国文解釈の学力の問題であつて文法の問題ではない。

私などが誤用を指摘すると、「文法にこだはつては詩が壊れる」などとスッ頓狂なことを言ふ人が今もあるので、ここであへて言つておきます。

では谷崎潤一郎『盲目物語』から出題

読者のみなさん、もうたいていはできたのですからここで問題を解いてみませんか。谷崎潤一郎『盲目物語』から出題です。

谷崎ばかり出すやうですが、『盲目物語』は歴史的仮名遣の練習には最適なんです。あの織田信長の妹、お市御寮人に仕へた盲目の按摩が、とつとつと語る話をそのまま記録したといつた体裁の小説ですから、当然、昔ふうの語り口です。古い感じの言葉がたくさん出てくる。しかも作者は、意識してかな文字を多用してゐる。

そして、今店頭で販売されてゐる文庫本はみな、新かなに書き換へられ改竄されてゐる。これを原文に戻す練習をほんの二三(にさん)ページ分だけでもやつてみたら、旧かなはほとんど全部わかります。

では書き換へ版新潮文庫本の第五ページの半分、八行分を掲げてみませう。

①ほんとうにわたくしふぜいのいやしいものが、なんの冥加(みょうが)であゝ②云う③とうとい(貴)お女中がたのおそば④ちこう⑤仕えますことができましたのやら。はい、はい、左様でござります、⑥まえにちょっと申しあげるのをわすれましたが、最初はわたくし、⑦さむらい衆の⑧揉みりょうじをいたすということでござりましたけれども、城中たいくつの⑨おりなどに、「これ、これ、⑩坊主、三味せんをひけ」と、みなの衆に所望されまして、世間のはやりうたなどをうとうたことがござりますので、そんな噂が御簾中(ごれんちゅう)へ⑪きこえたのでご⑫ざりましょう、唄の上手なおもしろい坊主が⑬いるそうなが、いっぺんその者をよこす⑭ようにとの⑮お使いがござりまして、それから二三ど御前へ⑯うかがいましたのが⑰はじまりだったのでござります。

ごく簡単に、傍線部について解説します。

①「ほんとう」は「本当」。漢語ではないが、漢字を使ふ語なので字音仮名遣に従ひ「**ほんたう**」。谷崎はこの作品では特別な効果を狙つてかなを多用してゐるが、漢字語は漢字で書くのが本来なので、あまり気にしなくて結構。ただ「ほんたう」はかなで書くこ

とも多いのでおぼえておきたい。

②「云う」は、ハ行四段動詞「**云ふ**」。動詞の終止形の語末音がウやオに近かつたらたいていはハ行。四行目の「いう」も同様。

③「とうとい」は「貴い」「**たふとい**」。

あらたふと青葉若葉の日の光　芭蕉

④「ちこう」は「近(ちか)く」の音便「近(ちか)う」なので語幹を生かして「**ちかう**」。

⑤「仕え」は文語の終止形が「**つかふ**」(発音は**ツコー**)、つまり語末音がウに近いのでまづはハ行活用と見当がつく。そこで、「仕へ」。例外もあるので不安の時は辞書参照。

⑥「まえにちょっと」。「まえ」は「前」で「**まへ**」。名詞の語中語尾のワ・イ・ウ・エ・オ音はたいていは「は・ひ・ふ・へ・ほ」。例外もあるので辞書で確認すること。「ちょ

っと」は「ちよつと」。拗音・促音の小字は並み字で書くのが原則。ただし、小字で書いてまちがひといふのではない。「いっぺん」「だった」も同様。

私は小字で書くのも十分合理性があると思つてゐる。例へば多くの副詞、擬音語・擬態語の類については、ある様子が最も感覚的に伝はるやうに、あへて本来のやまとことばの形から外れてまでも言ひ伝へようとする語句であるから、いはば写実的であるべきだと言へる。「ちっとも」などは本来「ちとも」といふ形だらうが、それをより強く切迫した勢ひで発音した結果の「ちっとも」だから、特に「ちつとも」と並み字にする要はないと思はれる。「もっとも」なども同様に「もとも」を詰まらせて強調した趣のものだから、かへつて「もっとも」がよいかといふ感じがする。「よっぴいてひょうと放てば狙ひはあやまたず」や「かっぱと伏して」なども小字でいいのではないか。

驚きの声「あっ」なども「あつ」はむしろ不自然ではないか。その他いくつかの理由で小字「っ」について私は宥和的だ。

戦前の国定国語教科書などでも、明治三十七年の第一期の国定教科書、いはゆる「イエスシ読本」は小書きを採用してゐる。

ただ、あくまで本来は日本語表記に小字は現れないはずのものだから、並み字が習慣化し伝統化してゐる。そこで「現代仮名遣い」でさへ、「ちゃちゅちょ」など拗音の「ゃ・ゅ・ょ」、「はしって」など促音の「っ」について、

なるべく小書きにする。

と注を附してゐるくらゐである。「なるべく」と言ふのである。つまり「現代仮名遣い」も、並み字といふ伝統的習慣を尊重する態度だといふことだ。

本書では習慣に従つて並み字を使ふ。

⑦「さむらい」は動詞「さむらふ」から来てゐるので「**さむらひ**」。

⑧「りょうじ」は「療治」。字音に従ひ「**れうぢ**」。

⑨「おり」は「**をり**」。語頭オ音はたいてい「お」だが例外もある。

⑩「うとうた」は「歌ひた（り）」の音便。語幹を残して「**うたうた**」。発音は**ウトータ**。

⑪「きこえ」はヤ行動詞「きこゆ」なので、このまま「**きこえ**」。

⑫「ましょう」は「**ませう**」。助動詞「ます」の未然形「ませ」に推量の「う」が附いたもの。

⑬「いるそうな」は「**ゐるさうな**」。「さう」はもと「相」の字音。「さうしよう」のソーも「さう」だが、これは和語「然（さ）」の延びた音。

⑭なになにする「ように」のヨーはもともと「様」の字音で「やう」。一方「**続けよう**と思ふ」など、**意志や推量を表す「よう」は和語の助動詞で「よう」**となる。最も注意が肝要。

⑮「お使い」の「使い」は動詞「使ふ」の連用形の名詞化なので「**使ひ**」。

⑯「うかがい」は動詞「うかがふ」の連用形で「**うかがひ**」。
⑰「はじまり」は旧かなでも「**はじまり**」。
かくて原文は次の通り。

　ほんたうにわたくしふぜいのいやしいものが、なんの冥加（みやうが）であゝ云ふたふ（貴）といお女中がたのおそばちかう仕へますことができましたのやら。はい、はい、左様でござります、まへにちよつと申しあげるのをわすれましたが、最初はわたくし、さむらひ衆の揉みれうぢをいたすといふことでござりましたけれども、城中たいくつのをりなどに、「これ、これ、坊主、三味せんをひけ」と、みなの衆に所望されまして、世間のはやりうたなどをうたうたことがござりますので、そんな噂が御簾中（ごれんちゆう）へきこえたのでござりませう、唄の上手なおもしろい坊主がゐるさうなが、いつぺんその者をよこすやうにとのお使ひがござりまして、それから二三ど御前へうかゞひましたのがはじまりだつたのでござります。

蛇足ながら多少附け加へます。『盲目物語』は「ござります」調とでも言ふべき文章ですから何度も「ござります」が出てきますが、この「ござります」から現在普通の「ございます」が出てゐます。「ございます」の「い」は、

ござり　→　ござい

といふ音便ですから当然表記は「い」です。イ音便といひます。

「はじまり」。ジ・ヂ、ズ・ヅは要注意。「じ」の方が多いのですが、「ぢ」も結構ある。

そこで例へば、

志（し）のかなの濁るは文字（もじ）に富士（ふじ）の山　弾（はじ）く抉（くじ）るに同じ短（みじか）し（じの例）

とか、

氏（うぢ）　汝（なんぢ）　小路（こうぢ）　蛞蝓（なめくぢ）　鯨（くぢら）　鯵（あぢ）　筋（すぢ）　臂（ひぢ）　鍛冶（かぢ）に　錑（ねぢ）　紅葉（もみぢ）　藤（ふぢ）（ぢの例）

などといふおぼえ歌ができてゐます。

「ほくゑきやう」は「法華経」と書けばよい

字音仮名遣といふのは、漢字渡来のころの古代漢字音が、当時の日本人の耳にどのやう

に聞えてかなに転写されたかを表すものであつて、外来語のカナ表記にあたるものです。

日本のかなはいふまでもなく日本語の音韻に対応したものですから、そもそも外国語を正確に表記することは不可能なやうにできてゐます。例へばわれわれは英語で右を表すライトを「ライト」と表記しますが、これは英語音とは全く違ふ。日本の文字「ラ」はあくまで日本語特有の「ラ」音を表すものであつて、国際音標文字の精密記号でもこの子音は特別な形が工夫されてをり、アルファベットのRとLの活字体小文字を組み合わせた形のもので、英語はもちろん、諸外国にも存在しない音のやうです。「ト」が英語と違ふのはもちろんです。

要するに、外国語を日本文字で正確に表記しようなどといふことは、初めから夢想なのであつて、無駄な足掻きといふものです。ゲーテやシェークスピアなども私は普通このやうに書いてゐますが、ギョエテ（島崎藤村ほか）、ギョオテ（森鷗外ほか）、ゴエテ（菊池大麓ほか）、シェイクスピヤー（大麓ほか）、セークスピア（土井晩翠）、シエクスピイヤ（鷗外ほか）、シェイクスピア（福田恆存ほか）などいくらでも成り立つて、どれも間違ひとは言へないが、全て原音とは全く違ふといふ次第です。聞え方に従つてなんとか似た音らしく転写するといふのが外国語の表記の限界といふものでせう。

よくテレビは「テレヴィ」と書けなどと息巻いてゐる人がありますが滑稽な話です。「テ」も「レ」も英語とは全く違つた音なのですから。

こんなことは誰でもわかつてゐることなのに、現在でも字音仮名遣を厳密に復活せよと主張する「旧かな派」の人があります。しかし、それは古代中国音に関してだけは正確な音写ができるとする不思議な迷妄です。それに仮に正確な音写ができるとしても、さうすべきだといふ理由には全くならない。

契沖が例へば法華経を「ほくゑきやう」と突き止めたといつたことは（現在は字音「ほけきやう」とされますが）、これはもちろん無駄な努力などといふものではなく純粋な語学研究として評価すべきです。しかしやはりあくまで外国語音の研究であつて、言つてみればゲーテ、ゴエテ、ギョエテ、ギョオテのどれが原音に「近いか」といふ問題です。日本語固有の問題ではありません。たとひギョエテが最も原音に近いといふことが立証されたとしても、私たちがそれに従ふ必要がないごとく、「ほくゑきやう」に従ふ必要はないでせう。

私などが大切にしてゐるのはあくまで日本語、やまとことばの仮名遣です。威光が「ゐくわう」だらうが衣桁が「いかう」だらうが、また凹凸が「あふとつ」だらうが欧州が

「おうしう」、王位が「わうゐ」だらうが、さういふものはルビを附けるとき気にするだけで結構です。だいいちこれらは漢字で書くのが日本語の方式なのですから、おぼえる必要もない。私たちにしてみれば日本語の問題ではなく遠い異国の言語音です。問題なのは「行こう」といふ日本語はこれは是非「いかう」「ゆかう」といふ具合に書きたい、「多い」は「おほい」としたいといふことなのです。

ただ、私でもどうしても残す、あるいは復活したい字音仮名遣はあります。それは、遠い昔から日本語に溶け込み、日本語か外来語かの区別の感覚さへほとんど失はれて、ほぼ完全に日本語化した少数の漢語です。

てふてふが一匹韃靼海峡を渡つて行つた

などの「てふ」がその一つです。「そのやうだ」の「やう（様）」、花の名の「ききやう（桔梗）」、「ゑ（絵）」、また果物の「かうじ（柑子）」など、やや古語めいたもの。またすつかり日常語になつてゐる「たうてい（到底）」「たうとう（到頭）」「ほんたう（本当）」など少数のものです。

万葉がなに悩みはなかつたか

繰り返して言ふやうに本書は主に仮名遣、国語の仮名遣を問題としてゐます。「旧かなを使はう」といふわけですが、これに反対する新かな論者の中には、万葉時代には発音をそのまま漢字に転写したのだから新かな方式と同じだ、万葉時代に仮名遣の悩みはなかつた、と言ふ人があります。一見そのとほりですが、こんにちとは別の形の悩みがあつた。しかもそれは深刻なものでした。

確かに万葉がなは当時の発音を追つて、一字一字、漢字（万葉がな）に転写しました。ふつうの意味で言ふ仮名遣の問題は、文字と発音のずれが生じた平安朝以後の話で、音写した万葉時代にはたしかに存在しなかつた。

年月も　いまだあらねば　心ゆも　於母波奴（おもはぬ）あひだに　（七九四）

は山上憶良（やまのうへのおくら）の長歌の一節ですが、「思はぬ」は音節毎に追跡されて一字づつあてられてゐます。そしてここには、「おもわぬ」か「おもはぬ」かの問題は生じてゐません。ハと発音してゐたから「波」と書いただけといふ幸福な状態を示してゐます。

つまりは「仮名遣の問題はなかつた」といふわけですが、それは一往の理屈にすぎません。

日本語を初めて書記しようとした当時の教養人は、外国語（シナ語）の読み書きには習熟してゐました。しかしながら国語を書き記すべき文字がなかつた。あへて記さうとすれば、音の違ふ外国の文字を以てそれに代へるしか全く手だてはありませんでした。ふだん何気なく語つてゐる自国語の音に、改めてじつと耳を凝らし、その音価を正確に聴き定めた上で、それに「似た音」、あくまで「似た音」ですが、それを持つと思はれる漢字を一つづつ宛てて行つたわけです。

さてその時、ある国語音に「伎」（甲類）を宛てるか「紀」（乙類）を宛てるか、「比」（甲類）を宛てるか「斐」（乙類）を宛てるか。コは「古」（甲類）か「己」（乙類）か。これは重大な仮名遣の問題です。当時はキ、ヒ、コなど十三字については、甲類、乙類と名づけられてゐる二種の発音があつたので、かうした弁別も必要だつた。

これは一見易しい作業のやうに見えますがそんなことはない。現代の言語学でも、音声記号には十分習熟した学徒であつても、ある言語を耳で聴いてそれを記号に写すといふことは、大切でかつ困難な基礎訓練となつてゐます。当時の日本人は、その難しい作業を外国の文字を使つて実行しました。恐るべき仮名遣問題です。

さうした彼らの苦心の跡を、厳密にたどり整理を施したのが、いはゆる「歴史的仮名遣」といふものです。

新かな擁護論者は、「現代仮名遣い」のやうに発音転写方式でやるのはむしろ古来の伝統であつてもつと徹底すべきだといふ議論をするのですが、しかしそれは全く違ひます。同じ音写方式ではあつても、根本の精神において両者には大きな裂隙が存在するからです。

文化蓄積への誇りを欠く現代仮名遣

そもそも我が国は、千年以上も前に、万葉がなを経て固有の表音文字（平かな・片かな）を持つことができた世界でも珍しい国でした。

世界には、三千とも五千ともいはれる言語がありますが、そのうち固有の文字を持つ言語などはほんの数パーセントでせう。ところが日本にはそれがあつた。しかもそれは、千数百年以上昔のはるかな古代に、固有の文字を持たないままに自国語を精密に観察しようといふ巨大な意志が存在したことによつて実現し得たものでした。その果実を体得し伝統として、西暦九百年頃にはかな文字による国語の正書法が確立してゐました。

例へば『土佐日記』などの用字法は、発音とは相当のずれが生じてゐたにもかかはらず現在の歴史的仮名遣とほとんど全く一致してゐます。

注意すべきなのは、およそ文字を持つやうな言語ならどの言語にあつても、最初の書記法は、歴史のある一段階における言語の観察に従つた音写であるといふ点です。そしてそれに続く人々が先人の表記に対して、ある規範意識を以て向ふことで、正書法が成立します。千年以上前に、日本人はその正書法を確立したわけです。

文字を持つた、稀な幸福な人々は、世界中どこでもこの段階を経験してゐます。そして言語は、これも世界中どこでも、必ず発音が変化します。すなはち必ず表記と発音の不一致を経験します。これはおよそ正書法らしきものを持つ言語なら、そのすべての宿命です。その時、ある伝統感覚と、時間を貫いた伝達への希求から前代の表記を守らうとするのは、極めて高度な文化的意志といふものです。

当然ながらその伝統的な方式に従ひ切れない人々はあるわけで、特に鎌倉時代以降、仮名遣の「乱れ」といはれるものは生じました。江戸時代の読物類が、仮名遣などなんのそのといふ放埒(はうらつ)さを示したのは、例へば恋川春町(こひかははるまち)『高漫斉行脚日記(かうまんさいあんぎやにつき)』では、

　げにや梅(むめ)が**枝**(へ)がいゝしごとく、さとの金にはつまるなら**い**

とあり、十返舎一九(じつぺんしやいつく)『東海道中膝栗毛』では、

ハアなるほど**そふ**おつしやればきこ**へ**ましたが、しかしそれはおめ**へ**さまの**ほ**うの得手勝手

などとあるのに見る通りです。しかしこの時代の戯作読本作者たちでも、少し方向を変へて知的な主題に取り組む段になると、仮名遣は一変します。黄表紙で「ど**ふ**もおらが近所は金が多くてならぬ。竹やぶや溝がたんとあるせ**い**だ**ろ**う」(『孔子縞于時藍染』)などとやつてゐる例へば山東京伝でも、『近世女装考』などになると歴史的仮名遣の誤りはほとんどありません。黄表紙洒落本類のあの放恣な姿は、登場人物の教養の程度を示すための、どうやら意識的修辞であるやうです。

要するに江戸の教養は、見かけの乱脈さにかかはらず古典をしつかり継承してゐました。もちろん諸外国でも綴り字は大いに乱れましたが、心ある人々の努力によつて、絶えず矯正されてきました。

かうして例へば英語なども、be 動詞といはれるものの一つ are などを古期ノルド語から取り入れた時、アレーといつた音であつたはずのこの語を、発音がいかに変化しても are のままに保持しようとします。動詞の take なども、もともとターケンといつた発音だつたものがテイクとならうがどうならうが、この綴りを死守しようとします。この時

人々の胸にあるものは、よき「合理性」への願ひであつて、テイクならばteikとすべしとするやうな、もう一方の「合理主義」を排除しようとするのです。

かうして、感謝の言葉は「アリガトー」でも「アリガトオ」でも「アリガトウ」でもなく、「アリガタウ」としたいといふのが本書の立場です。

ところが現代仮名遣の精神、つまり現代の発音に従つて「表記を変へよう」とするのは、伝統といふものの「時間的要素」に全く気づかず、先人への敬意を徹底して欠いた、言ひ換へれば文化の蓄積への誇りと、文化伝承への希求をすつかり失つた、極めて怠惰な精神です。世の人々は時にこれを「理性」「合理的精神」と言ひたがるのですが、ここはイギリスの著名な作家・評論家、G・K・チェスタトンの言葉を聞くことにしませう。この人は例のブラウン神父の活躍する探偵小説で著名なほか、実に豪快かつ陽気な評論を多数残しましたが、「狂人とはなにか」を論じてかう言つてゐます。

「狂人とは理性を失つた人のことではない。狂人とは理性以外のすべてを失つた人のことである」。

第四章　新かなに改変の罪は重い

『山月記』『羅生門』の醜い模造品

原作を改変して出版されては参つてしまふといふことを、私は本書のあちこちで言つてゐますが、ここでは主に、新かなへの改変は非文化的であり、まことに失礼であるといふ点と、文章が現実に意味不明となつて、せつかくの書物が屑物化するといふ点について少々レポートいたします。

明治書院版高校国語教科書に、中島敦（あつし）『山月記』が出てゐました。まことに文句のない選択です。文字通り名作と称すべき作品で、独特の緊張感に溢れたあの文章は、多くの若者に是非玩味させたいものです。

その中にかういふ一節がある。

> **叢**の中からは、**暫**く**返辭**が**無**か**つ**た。**しの**び泣きかと思**は**れる**微**かな**聲**が時々**洩**れるばかりである。

これが教科書では次のやうになつてゐます。

草むらの中からは、**しばらく返事**が**な**かった。**忍**び泣きかと思**わ**れる**かす**かな**声**が時々**漏**れるばかりである。

改変部分を太字にしてみました。改変・改竄はこの例では漢字の字種、漢字の字体、仮名遣、小書き、の四項目にわたつてゐます。そして原文の四十五字（句読点含む）のうち十二字分が改変されてゐる。改変教科書版の四十九字のうち十六字は原文には存在しないものです。

皆さん、少し驚きませんか。こんな短い文章の中で、ほぼ三割の文字が入れ換へられてゐるのです。似たやうなもんぢやないか、といふのとは少しレベルの違ふ話ですからそのつもりで。

ほぼ三割といつたら短歌なら十字、俳句なら五字六字ですよ。そんなに入れ換へたらそれはもう原作とは全く別物です。しかも注意してもらひたいのは、中島敦『山月記』は純然たる文藝作品だといふことです。和歌俳句と同様のものです。もちろん作者は一字一句に神経を集中して書いてゐます。

その文章を三割も変へてしまふ。原作者に対するこの上もない無礼といふものでせう。教科書の文字列は、当然『山月記』なんかではない。ただただ醜い模造品であり偽装文にすぎません。

少なくとも場所が教育の場であるならば、これほど露骨な偽造文書を、ホンモノであるかに偽つて若者に売りつけ、しかも授業料を徴収したりするのは、非教育であるのみならず、「未成年者ノ知慮浅薄ニ乗ジテ」利益を謀（はか）るものであつて、まさに刑法二百四十八条（準詐欺罪）にも該当しようかといふ犯罪です。

ところが文部科学省および教育界は、「それがよいことだ」とするわけです。かうして六十年以上にわたり、若者に贋物を与へて贋物に慣れ親しませてきました。

「それは悪いことである」といふのが本書著者の考へ方です。読者の皆さんはいかがですか？

ある年の筑摩書房版高校国語教科書には、芥川龍之介『羅生門』が出てゐました。この作品のホンモノはこんな書き出しになつてゐます。

或日（あるひ）の暮方の事である。一人の下人が、羅生門（らしやうもん）の下で雨やみを待つてゐた。

廣い門の下には、この男の外(ほか)に誰もゐない。唯、所々丹塗(にぬり)の剝げた、大きな圓柱(まるばしら)に、蟋蟀(きりぎりす)が一匹とまつてゐる。

教科書では次の通り。

ある日の暮**れ**方の**こと**である。一人の下人が、羅生門の下で雨やみを待**っ**て**い**た。広い門の下には、この男の**ほか**に**だれ**も**い**ない。**ただ**、所々丹塗**り**の**は**げた、大きな円柱に、**きりぎりす**が一匹とま**っ**て**い**る。

漢字の字体のこととルビについてはここでは仮に無視することにしても、太字の部分は原作にない文字です。作者芥川龍之介はかうは書かなかつた。それが、九十四字のうち二十三字。ほぼ四分の一は芥川が「書かなかつた」文字です。

こんな贋造品を生徒に与へて芥川作品だと言つてだますのは、私は犯罪だと思ひますが、文部科学省および教育界・学界・ジャーナリズム、また多くの文化人はこれを「よいこと」と考へてゐるわけです。まさか「悪いこと」と考へたらやらないでせうから。

谷崎を侮蔑して恥ぢない文藝出版社

最近はそれほどでもないやうですが、少し前までの作家たちは振りがなについてずゐぶん神経を遣つてゐました。本書中でもしばしば名前を出し、練習問題にも使つた谷崎潤一郎などは、その著『文章讀本』でルビについてわざわざ一節を設けて語つてゐます。谷崎は芥川龍之介の言葉を引いて、総ルビにするのが読者・作者双方にとつて一番だといふことを一応もつともな意見だとします。そしていろいろ例を挙げた上で、しかし、ここに厄介な問題が起ると指摘する。つまり「字面」の点で非常に面白くないことが起るといふのです。

谷崎は、便宜とともに字面の面からも、ルビについては徹底的に考へてゐました。言ひ換へれば、谷崎の作品は当然ながらルビを含めて「作品」です。

私が所持してゐる昭和二十六年版新潮文庫『吉野葛・盲目物語』は、もちろん原文版ですが、『盲目物語』は次のやうにはじまります。

わたくし生國(しやうこく)は近江のくに長濱在でござりまして、たんじやう(誕生)は天文にじふ一ねん、みづのえねのとしでござりますから、當年は幾つになりまするやら。左樣、左樣、六

郵　便　は　が　き

料金受取人払郵便

代々木局承認

6948

差出有効期間
2020年11月9日
まで

1518790

203

東京都渋谷区千駄ヶ谷4-9-7

（株）幻　冬　舎

書籍編集部宛

1518790203

ご住所　〒
都・道
府・県

お名前　フリガナ

メール

インターネットでも回答を受け付けております
http://www.gentosha.co.jp/e/

裏面のご感想を広告等、書籍のPRに使わせていただく場合がございます。

幻冬舎より、著者に関する新しいお知らせ・小社および関連会社、広告主からのご案内を送付することがあります。不要の場合は右の欄にレ印をご記入ください。

不要 □

本書をお買い上げいただき、誠にありがとうございました。
質問にお答えいただけたら幸いです。

◎ご購入いただいた本のタイトルをご記入ください。

『　　　　　　　　　　　　　　　　　　　　　　　　』

★著者へのメッセージ、または本書のご感想をお書きください。

●本書をお求めになった動機は？
①著者が好きだから　②タイトルにひかれて　③テーマにひかれて
④カバーにひかれて　⑤帯のコピーにひかれて　⑥新聞で見て
⑦インターネットで知って　⑧売れてるから／話題だから
⑨役に立ちそうだから

生年月日	西暦　　年　　月　　日（　　歳）男・女			
ご職業	①学生	②教員・研究職	③公務員	④農林漁業
	⑤専門・技術職	⑥自由業	⑦自営業	⑧会社役員
	⑨会社員	⑩専業主夫・主婦	⑪パート・アルバイト	
	⑫無職	⑬その他（　　　　）		

このハガキは差出有効期間を過ぎても料金受取人払でお送りいただけます。

ご記入いただきました個人情報については、許可なく他の目的で使用することはありません。ご協力ありがとうございました。

十五さい、いえ、六さい、に相成りませうか。

振りがなはもちろん注記の漢字「誕生」も作者自身によるものです。これが昭和四十四年の改変版では次のやうになつてゐる。

わたくし生国(しょうごく)は近江(おうみ)のくに長浜在(ながはまざい)でござりまして、たんじょう(誕生)は天文にじゅう一ねん、みずのえねのとしでござりますから、当年は幾つになりまするやら。左様、左様、六十五さい、いえ、六さい、に相成りましょうか。

改変版のルビを見ると、「近江」にあらずもがなのルビが附けられてゐる。もし読者に親切にするつもりならば、そんなものより「天文」の方がはるかに重要でせう。改変した編集者が、自分がなんとか読めると思つた字にルビを附しただけ、といふことがよくわかります。「天文」は「てんぶん」か「てんもん」か判断がつかなかつたのです。

さて谷崎は、例へば自作『お艶殺し』も決してお艶ゴロシとは言はずお艶コロシと清(す)んで読んでゐました。町名「本石町」はホンコクチョーと言ひホンゴクチョーとは言はなかつた。読みには江戸人らしい頑固さを持つてゐたやうです。そこで、「生國」はショーゴクと読まれてはたまらんといふわけで、わざわざ「しやうこく」とルビを附したのです。それが改変版ではあつさり「しょうごく」とされてゐる。

無残な話です。

また引いた部分では「天文にじふ一ねん」が「天文にじゅう一ねん」と変へられてゐる。実にひどい。

何度も言ふやうですが谷崎は文字遣ひには細心の注意をしてゐました。もちろんまともな文学者なら皆さうでせうが谷崎はことに注意深かつた。谷崎は『文章讀本』で自分の文字遣ひの工夫について述べ、「文章の視覚的並びに音楽的効果」「字形の美観」を大切にする旨強調してゐます。その谷崎作品の中でも『盲目物語』は特に彫琢（てうたく）の極にあるものと言つていいでせう。『盲目物語』について作者はみづからかう述べてゐます。

> 嘗て私は「盲目物語」と云ふ小説を書きました時、なるべく漢字を使はないやうにしまして、大部分を平かなで綴つたのでありますが、これは戦国時代の盲目の按摩が年老いてから自分の過去を物語る体裁になつてをりますので、上に述べましたやうな視

覚的効果を狙ひましたのと、尚もう一つは、全体の文章のテムポを緩くする目的、即ち音楽的効果をも考へたのでありました。

この苦心がどれほどのものであつたか、作者が『私の貧乏物語』で次のやうに語るのを見ればよくわかります。

未だに苦しかつたことを覚えてゐるのは、「盲目物語」を書いた時であつた。あの時は高野山に立て籠つて訪客を避け、一意専心仕事に没頭したにも拘らず、あの二百枚の物語を脱稿するのに、最後まで日に二枚と云ふ能率を越すことが出来なかつた。だからあの作品は、準備の時間は別として、百日以上、多分四箇月を要してゐるのである。さうしてこれは、昼夜兼行、時には夜中の二時三時まで机に向つてゐての成績である。

（以下略）

さてこのやうにして成つた作品に、勝手なルビを附し仮名遣を変へ、ことに「にじふ一ねん」を「にじゅう一ねん」などと改変して平気だといふのは、文藝の出版社としては見るに堪へない恥であり、作者への最大の侮辱といふべきものではないでせうか。もし「にじゅう一ねん」などとされることが予想できたら、作者は「にじふ一ねん」と書くことなどは絶対になかつたでせう。「二十一ねん」あるいは「廿一ねん」と書いたに違ひない。

いやいや谷崎は、出版社が文藝作品の文字遣ひを根本から変へるなどといふことは想像もつかなかつたでせうから、思ひ通りに書いたには違ひありませんが。

それにしても私が、出版社の態度にほとんど恐怖に近いものをおぼえるのは、この新潮文庫『吉野葛・盲目物語』の巻末に、「文字づかいについて」といふ注記があつて、次のやうに述べてゐるからです

新潮文庫の日本文学の文字表記については、なるべく原文を尊重するという見地に立ち、次のように方針を定めた。

一、口語文の作品は、旧かなづかいで書かれているものは現代かなづかいに改める。

(二以下略)

つまり、この文庫は、例へば谷崎作品の右のやうな改変・改竄を、「原文を尊重すると

いう見地に立ち」行なつた、といふのです。出版界で「原文尊重」といふ言葉は、なにか不気味な意味を帯びてゐるやうです。

それでも新潮文庫は仮名遣に触れてゐますからまだいいのかもしれません。岩波文庫『幕末維新懐古談』（高村光雲）は、巻末「編集付記」で昭和四年刊行の『光雲懐古談』を底本としてゐるとわざわざ言ひながら、現代仮名遣に改めたことには触れてもゐません。ほかの本も同様です。「身体障害や人種に関する不適切なことば」については触れてゐますが仮名遣には触れない。岩波書店は仮名遣に関しては知識も関心も完全に失つてゐるやうです。

もつと罪が重い改変・改竄

ところで、知識・関心を失ふのはいいとして（よくありませんが）、新かなに変へることによつて文章の意味を完全に不明にしてしまふのは、これはいかに頑固な新かな論者といへども、よくないと思ふのではありませんか。

さきほど挙げた『山月記』『羅生門』『盲目物語』などは、引いた部分に限つて言へば、文意不通といふほどでもないかもしれない。ほかの部分には全く文意不通の箇所はいくらでもあるけれども、引用箇所に限つて言へば、一応どんな内容かは伝はる。その意味では罪は重くないと言へるかもしれません。

いや、私はさうは思ひませんよ。文化的な営みといふものは、高度であればあるほど「意味内容」そのものを超えてくるものです。はやい話が私だつて、向日葵（ひまはり）が向日葵だとわかる絵は描けます。「内容」は正確に伝へることができる。だからといつて私の絵がゴッホの向日葵と価値が同じだと主張する気にはなれません。文化的価値は向日葵といふ「内容」を超えたところにある。これを無視するのは文化的には最も低級な腐敗です。

それはさうなのですが、向日葵が一応はそれらしく見えるならば内容は伝へたことになりますから、それを今「罪は重くないと言へるかもしれない」と仮に言つてみただけのことです。

しかし、向日葵がチューリップか桜かもわからぬ闇鍋状態であるならば、これはどう言へばいいでせう。

いや、譬（たと）へ話はともかく、次の文章を見てください。高名な国語学者が、その専門分野の問題についてわかりやすく述べた「古代国語の音韻に就いて」と題する講演の記録です。昭和五十五年初版の岩波文庫です。

その他、今日の普通の書き方によれば「キヤウ」と書いても「キヨウ」と書いても「ケウ」と書いても「ケフ」と書いても「キョー」であります。これは実際に今日の言語においては同じ音でありますが、字の形は皆違っております。字の形をたよりとしてみればこれは皆違った形であるから違った音であるかと思われます。ところが実際においては皆同じ発音をしている。

わかりますか？　いやそんな質問は野暮で、これは決してわからない文章です。わかったと思ふならそれは錯覚です。よろしいですか。ここにはキョーと読む「きやう」「きよう」「けう」「けふ」が「今日の普通の書き方」だ、と書いてあるのですよ。これが昭和五十五年当時の「普通の書き方」ですか？

まさに、ナンダコリャの世界です。

実はこれは、橋本進吉博士の昭和十二年の講演記録なのです。それを昭和五十五年に文庫本にするときに新かなに改変したものなのでした。もちろん元々は歴史的仮名遣で表記されてゐました。この文庫本は、文章を頭の中でいちいち歴史的仮名遣に変換・復元しながらでないと絶対に理解できないやうになつてゐるのです。しかもこの文庫本が悪質なのは、昭和三十年の「橋本進吉博士著作集4」を底本としてゐると「付記」にわざわざ書いてあることです。その「著作集4」はもちろん歴史的仮名遣の本です。ますますわからない。

新表記への改変・改竄といふのはかういふことです。

第五章　舊字、いや正字はカッコいい

戰後の漢字政策はすべて失敗

本章は漢字の問題です。私は「当用漢字」「常用漢字」やその新字體などを強制・強要するのはやめたらどうかといふ考へですから、ここは特別に舊（旧）漢字、正字で書いてみます。出版社、印刷所には負擔をかけることになりますが。

終戰直後のいはゆる國語改革では、「現代かなづかい」と「当用漢字」が大きな柱になつてゐました。要するに國語劣化・貧困化のための二大政策です。

「当用漢字表」は昭和二十一年十一月十六日の内閣告示第三十二號ですが、昭和二十年代、三十年代は、この「國語劣化・貧困化」を確實なものとするための諸政策が次々と實施された時期です。例へば昭和二十二年十二月に公布された「改正戸籍法」による命名の制限、昭和二十三年二月の内閣告示「当用漢字音訓表」による漢字の讀み方の制限、昭和三十三年十月の文部省告示「学年別漢字配当表」による學習漢字の制限などです。

ところがこれらの施策は、昭和四十年代に入ると、次々と手直しされました。「手直し」といへばもちろん制限を強化することも「手直し」です。しかし、そんなことは一切行はれなかつた。行はれたのは例へば漢字を增やしたり、音訓を增やしたり、人名用漢字を增やしたりといふ、制限緩和の方策ばかりでした。

言ひ換へれば、手直しはすべて「もとにもどす」「昔に返す」といふ方向で行はれたわけです。小學校の學年別漢字配當表（当用漢字別表）の字數は何次にもわたつて増やされましたし、千八百五十字の「当用漢字表」自體も廢止されて千九百四十五字の「常用漢字表」が決められたことなどはその代表的な例です。

これはつまりは、戰後大慌てで實施された漢字政策は全部ダメだつたといふことです。文部科學省も法務省も決して謝りませんが、失敗だつたといふことは彼らもわかつてゐるのです。妙な意地を張らず、戰後の漢字政策は完全に白紙にもどして、その上で考へることがあつたら考へればよろしい、といふのが私の考へですがいかがでせうか。

比較的最近、平成十六年のことですが漢字のことが世間の大きな關心を引きました。「人名用漢字別表」に大幅な追加がほどこされたときです。

もともとの「人名用漢字別表」といふのは、昭和二十六年五月に公布された九十二字の漢字を指します。生れた子につける名前用の漢字は「当用漢字」に制限されてゐましたから、例へば智彦とか弘之とかいふ名づけは許されなかつた。この四字はどれも「当用漢字」にないからです（「常用漢字」にもない）。浩子も淳子もダメ、奈々子もダメだつた。

これはあんまりひどい話で、このときばかりは新聞社も後押しして九十二字を「許容」したわけです。

しかしこれで足りるわけもなく、昭和五十一年には二十八字、五十六年には五十四字、平成二年には百十八字追加されてゐます。ところが平成十六年には法制審議會が一擧に五百字ほども増やすことを發表しました。これでは「制限」の意味はありませんね。

本當は制限なんかやめて、名づけはどうぞご自由にとやるべきなのです。珍名奇名をつけたらバカを見るのは親子當人です。文字常識さへ養つてゐれば奇怪な名はおのづから無くなるのですよ。

さてそれはそれとしてこのとき大きな話題となつたのは、その名前用五百字ほどの中に、癌だの屍だの姦だのといふ字が入つてゐたからです。

これが可愛い我が子の名前に使へるかといふので評判がよくなかつた。大騒ぎとなつてこれらは削られてしまひました。

この話、みなさんどう思ひますか。

反對して騒ぐ方も騒ぐ方、さいですかとばかりに削る方も削る方、といふのが私の感想です。

法制審議會はなにも癌次郎だの姦二、屍郎などの名づけを奬勵したのではありません。要するに世間でよく使ふ文字については制限しないから自由に扱ふがよろしいといふ話だつたのですから、なんでも入れておけばよかつたのです。昔のやうな、「漢字の自由」が復活する大きなきつかけとなるところでした。

ところが人々が反對したために、せつかくの「自由化」がせきとめられ、制約することがいはば「輿論」となつてしまつたわけです。役所も輿論のお墨附きを得てしまつた。これは私など「自由主義者」にとつては痛恨事でした。

それでもマア五百近い漢字が増えましたから、喜んでゐる人も多いと思ひます。苺ちやんも鳶之介もいいことになりましたからね。

どうも具合が惡い新字體

さてさういふ次第ですが、私は戰後の「当用漢字」、その新字體なるものを眺めてゐるといろいろなことに氣づいたり考へさせられたりします。

例へば「芸」といふ字があります。これはゲイかと思ふとさうはいかない。正字ならウンと讀む字で、ヘンルーダといふ藥草に近い香草の名です。藝術とは關係がない。

「当用漢字」千八百五十字が昭和二十一年に決つたのですが、その中に「學校」の「學」や「藝術」の「藝」などが入つてゐました。ところがその新字體が昭和二十四年四月に内閣訓令・告示によつて實施された際、それが「学」とか「芸」とかの形に變へられたわけです。簡單で結構なやうですが實は困つたことが起りました。

といふのは、「当用漢字」に選ばれなかつた漢字は當然新字體は作られなかつたので、もとのままで使ふしかありません。「藝」は入つたけれども「芸(うん)」は入らなかつたので「芸」のままで使ふしか方法がない。その結果、「藝」の新字體「芸」と、昔からの本字「芸(うん)」の形が同じになつてしまつたのです。もつともこの場合、「芸」と「芸」の違ひは微妙な問題をのこしましたが。

高校の歴史で習ひますが、奈良時代の終りごろに石上宅嗣(いそのかみのやかつぐ)といふ人が設けたわが國最初の圖書館「芸亭」のことが出てきます。教科書は新字體で書かれてゐるので、これは當然ゲイテイと讀みますね。ところが違ふのです。これはウンテイです。

もともと「当用漢字」は、これ以外の漢字は使ふべきでないといふ考へ方から制定されましたから、これを嚴しく守つて奈良時代の芸亭も「うん亭」とか「雲亭」とかと書けばいいかもしれませんが、それはあまりに亂暴だ。歴史の事實ですからやはり「芸亭」と書くしかない。「醍醐天皇」を「第五天皇」だの「大後天皇」だのと書くわけにいかず、あの水戸黄門「徳川光圀」を「徳川光国」と書くわけにはいかないのと同じです。たとへ「芸亭」と振りがなをしてみても、今度はゲイの字はウンとも讀むのだといふ間違つた知識を與へる結果となつてしまひます。どうも具合が惡い。

同じやうなことはまだまだあつて、例へば缺の字、缺席、出缺などの缺です。これは「当用漢字」千八百五十字に選ばれました。この字は新字體が決められて「欠」とされました。ところが一方欠の字は「当用漢字」には入らず、今の「常用漢字」にも入つてゐません。入らなかつたので新字體も決められなかつた。だから欠の字を使ふときは舊字體のまま「欠」と書くしか方法がない。音はケンで、意味は「あくび」です。あくびのことを「欠伸」と書きますが、この「欠」はケンの字でこれは舊字です。「新字體」はありませんから「舊字」と言ふのはヘンなのですが便宜的に舊字と言つておきます。この字、ときには「かける」の意味でも使はれるやうです。

そこでさて、「欠缺」といふ語があります。しかし「缺」は新字體で「欠」ですから「欠缺」は「欠欠」と書かなくてはならない。そしてケンケツと讀まなくてはならない。

上の欠は正字のケン、下の欠は新字のケツです。

どうもをかしなことになつてゐます。

辯、瓣、辮、辨は結果的には全部「当用漢字」に入つて、字體は「弁」ひとつにまとめられてしまひました。ところが「弁」は昔からの字で、「かんむり」の意味です。「雄弁」などといふのは、鶏の鶏冠（とさか）のことなんでせうかね。

體の字は「当用漢字」に入り「体」とされました。ところが体（ほん）の字は「当用漢字」に入りませんでした。体は昔からある字でホンと讀み、「おとる」「そまつ」の意味です。

證の字は「当用漢字」に入つて「証」となりました。ところが証（せい）の字は入らずこのままです。セイと讀んで「いさめる」といふ意味です。

大いに困つた話だと、私などは思ふわけです。

もつとも、こんな混亂や負擔増は一氣に消滅させる方法はあります。それは、本字の「芸」だの「欠」だのが現れるやうな難しい本、古典本、歴史書などを讀むことを嚴罰をもつて禁止してしまふことです。あるいは禁止しなくても、そんな本は國中から掻き集めて燒いてしまふことです。さうすればこの混亂は完全になくなります。實際さういふ考への人もゐました。

ああ、しかし私には、それはいいことだとは思はれません。現實にも不可能でせう。ところが、ごく簡單に混亂を終熄せしめる、實行もごく容易な方法がひとつあります。それは、新字體表を廢止し、ついでに「常用漢字」も廢止することです。私はそれがいいと思ふのですが。

能率・便宜の點からも舊字の方が

新字體にはまだいろいろヘンなところがあります。

例へば疊の字は「畳」と變へられてゐます。疊の字を見ると「田」の字が三つ重なってゐますね。ところが畳の字は「田」が一つになってゐます。同じく蟲は「虫」となってゐます。

新字體制定の根本思想は、漢字を平易にまた能率的にしようといふことでした。といふことは、三つ重なつたものは一つにすれば平易かつ能率的になるといふ思想です。それならば「品」の字は「口」にした方がいいと思ひますが皆さんはいかがお思ひですか。「森」は「木」にすべきではないかと思ひます。「三」の字は「一」にする。さすればきつと漢字は平易かつ能率的になる……。

「突」の字は本来「突」だつた。穴から犬がいきなり飛び出す様子を表してゐた。今は穴から「大」が？　どうも意味不明となつてゐます。この字はまた一點を減らせばやさしく能率的になるといふ國語改革の「思想」によるわけですが、それなら「犬」は一點減らして「大」にすべきだつたでせう。ついでに「太」も「大」に。

正字「步」の字は一點加へて「歩」に變へられた。それが平易とされた。それなら「大」の字も一點加へて「犬」に變へたら平易かつ能率的になるのではないか？

まあ能率といふ件に關してはいろいろ議論もありませうが、少なくとも私は、舊、缺、體、證、學、國、藝、戀、應、壽、澤、盡、聲などの方が、旧、欠、体、証、学、国、芸、恋、応、寿、沢、尽、声などよりは、文字デザインの美觀から言つても、意味を喚起する力、傳へる力、つまりは能率・便宜の點から言つてもはるかにすぐれてゐると思ひます。

斷ち切られた「買ふ」と「賣る」の關係

それにしても舊字はうまくできてゐますね。いやうまくできてゐるのはあたりまへで、なにしろ支那何千年かの智慧が凝つて一丸となり、磨き上げられてきたものですから、合理的かつ美しくでき上がるのはまつたく當然のことです。いはば、おぼえやすくできてゐる。

例へば「貝」といふ比較的に形の單純な字を一つおぼえると、それを手懸りに濱で網を手繰るやうに、貪、貸、貶、賄、賠、賭、價、賓、などの字をずるずると手繰り寄せられます。みなお金に關連した文字です。「貝」の字は子安貝の形をとつた象形文字で、そして子安貝は古代には貨幣の役目があつた、といふやうなことを教はれば、漢字をおぼえるついでにはるか古代の歴史に思ひを馳せることにもなる。賓客の「賓」などお金に關係なささうな文字も、やはり客におくる金品などからきてゐることが、調べてみるとわかる。なるほどと記憶に定着する。

そもそも漢字は何萬もあるのですから、なにか手懸り、關連がないとおぼえられるわけもない。外國人であるのに日本人が非常によくおぼえて、二千年來自在に使ひこなしてきたのは、漢字の合理的、論理的構造のためです。

貝がわかれば「貸」もわかり、「貪」もわかる。さらには「買」もわかり、當然「売」もわかる……、あれ？　わからない。

「売」はもともと「賣」です。ちやんと「貝」がありました。それを削つて「売」と字體を變へたのは、新字體表の思想を象徴的に語つてゐます。すなはち、漢字から論理の體系を奪ふことで記憶と運用を困難にし、漢字への嫌惡感を高め、以て全廢の方向へ持つて行かう、といふことです。

「当用漢字」といふのはもちろん、當座はこれを殘しておくが將來は廢止する、といふ狙ひで定められたものです。「当用」といふ語の意味がさうだといふのではありませんが、制定者の狙ひはそこにありました。

「買ふ」と「賣る」との基本的關係まで斷ち切られては、ここに漢字を使ふ意味などは消えるはずです。そしてたしかに、多くの漢字について、ひとびとは漢字を使ふ意義を見失ひました。その結果なにが起つてゐるかといふと、要するに日本語の文章の意味が曖昧化してゐるわけです。

漢字の音訓併用はすばらしい

訓讀の用言に漢字は使はない、といふことを梅棹忠夫氏は自分の「文章作法」としてゐるのださうです。多田道太郎氏の『文章術』で紹介されてゐましたから、多田氏もその意見なのでせう。梅棹氏は、「漢字はできるだけ音読の世界へとじこめていこうという努力」をしてゐるのだとして、次のやうな文章を書いてゐます。

文章をかくうえで注意をしている点は、当然のことですが、よんだ人にわかってもらえるということです。このごろは、やっていませんけれども、わかいときはいつも、かいた原稿を女房によませた。わかるかどうか。（中略）つぎに、かなり言葉えらびをやっています。言葉えらびは文章をわかりやすくするためのひじょうにおおきな条件だとおもいます。

昔の偉人を氣取つて、女房を飯炊き女とばかりに見下した態度も相當のものですが、それはいいとしてもこの梅棹氏の妙な自信は單なる錯覺です。

右の文が一見わかりやすいやうに見えるとすれば、それは內容が極く單純だからであつて、いつもさうはいきません。わかりやすいとするのは氏の錯覺です。「よんだ人」とあつてこれがわかりやすいと言ふのですが、實はこれだけでは絕對に意味はわかりません。梅棹方式で、

その歌をよんだとき気もちはたかぶるばかりであった

とあるとき、この「よんだ」は「讀んだ」か「詠んだ」か「訓んだ」か、あるいは「呼んだ」か。それは決してわからないのです。前後をよく注意して讀めばわかることも多いで

せうが、これだけではわからない。

引いた氏の文章で「よんだ人」が「讀んだ人」らしいとわかつたのは、たまたま内容が單純だつたからであり、またこちらに、漢字をあてたらどれになるか判斷する能力があつたからにすぎません。もちろん「よんだ」とあれば「讀んだ」しか知らず、「詠んだ」も「訓んだ」も「呼んだ」もあることを知らない人は、この場合はすぐわかるでせう。あるいは氏のつもりでは「詠んだ」やら「訓んだ」やらは不要な知識といふのかもしれませんが、それはただ氏にとつて不要なだけの話です。

氏は、「讀む」は常に「よむ」と書くのだとして、それが文章を「わかりやすくする」とします。そして音讀の「讀書」は漢字で書くと言ふ。氏はこれができると思つてゐますが、實は不可能なのです。

たしかに今の段階ではできます。なぜならわれわれ讀者の側に、「讀書」といふ熟語を見たときこれが「フミをヨム」だと讀み解くだけの漢字知識が殘つてゐるからです。ところが、「讀」を「よむ」と訓讀するのだといふ知識が失はれたときには、「讀書」といふ熟語を正しく書いたり讀み取つたりする能力はすでに存在しません。「讀・読」を「よむ」とはだれも讀めず、つまりだれもこの漢字の訓、意味は知らないわけですから、全く意味不明の「讀」「書」といふ漢字を選び當てることはできず、讀み取ることも不可能となります。

「讀」に「よむ」の訓を認めないといふことは意味を認めないといふことですから、そのときはこの字はドクの音符にすぎません。音符ならば「獨所」でも「毒薯」でも同じことで、「讀書」を正しいとする根據はなくなります。結局音讀の熟語は成立しないのです。すなはち梅棹方式は成立しないのですが氏は氣づいてゐない。

漢字訓讀の有用性については、言語學者の鈴木孝夫氏がわかりやすく述べてをられます。鈴木氏がイギリスのある小説を讀んでゐたら、若い女性タイピストが、anthropology（人類學）といふ語に出合つて何のことか考へてゐる場面にぶつかつた。それでこの女だけ知らないのか、一般にこの程度なのか、鷗外を研究してゐるイギリス人學者にきいてみた。するとその人が言ふには、大學を出てゐないタイピストなら、こんな言葉は知らないのが當然だ、と教へてくれたといふのです。

鈴木氏はかう語つたあとで、これが日本語ならどうだらうと言ふ。「人類學」の詳しい内容は別として、「人類」が「ひとのたぐひ」「すべてのひと」を意味する語だらうといふことは中學生ぐらゐならだれだつて見當がつく。しかしイギリス人にとつて、anthropo

または anthrope がギリシア語の「人」を意味する言葉だといふことは、普通人の知識ではない、といふのです。

「恐水病」とあればたいていの日本人なら、「水をおそれるやまひ」だらうと見當がつく。しかしイギリス人にとつて、hydrophobia の hydro が「水」であり、phobia が「恐れ」を意味するギリシア語だといふことは普通の知識ではない。すなはち漢字のおかげで日本語は理解しやすくできてゐる。

日本人がかうした惠まれた狀態にあるのはもつぱら漢字の音訓併用によるのである、といふのが鈴木氏の結論です。氏によると、このことを歐米の學者に説明すると、彼らは一様に、日本人はなんとすばらしい言語習慣を持つてゐるのかと驚くさうです。梅棹氏はせつかくのこの寶を捨てようとするばかりでなく、「文章作法」の形で說いて、われわれにも捨てさせようとします。いかなる「親切」なのでせうか。

どうせなら全部舊漢字にもどさう

さて漢字新字體によつて「賣」や「價」は貨幣の世界からはじき飛ばされ、「學（学）」や「覺（覚）」はいつか「螢（蛍）」の仲間にされる。「蛍の光窓の雪」でなるほど「学」

かなどと興じてもゐられません。

同様のことは無數に起つてゐます。

例へば「飢饉」とか「參覲交代」とかいふ語は、讀書人としては知らないで濟むものではないと思ひます。「勤(勤)務」とは書けるし「謹(謹)賀新年」の字も書ける。それなら「飢饉」や「參覲交代」のキンの字も當然書けるだらうと思ふとそれが書けないのです。もともと共通部を持つてゐるのですよ。しかしいまはその貴重な共通部がない。まつたく無縁の字として獨立におぼえなければならない。

「峡(峽)谷」「狭(狹)い」「挟(挾)む」が書けるなら「任俠」「俠客」も書けるかと思ふと書けませんね。別類の文字としてそれぞれにおぼえなければならない。

それでも、もともとが別類ならばそれもしかたないのですが、まつたくひどいのは、同類であるのに「せまい」のときは「狭い」だつたか「狹い」だつたか、「キョー客」のときは「俠客」だつたか「侠客」だつたか、單語ごとに書き分けなければならぬといふ點です。

佛や拂は「仏」「払」にされました。

佛 → 仏

拂　↓　払

ならば、

沸　↓　汕

となるはずです。ところがそれはだめだといふ。なぜかと言へば、「佛」「拂」は「当用漢字」に採用されてゐて新字體があるが「沸」は表外字で新字體がないからといふわけです。それなら「費」は「当用漢字」にあるのですから、

費　↓　負

ではないんでせうか。

字を知つてゐるかどうかではなく、その字が「当用漢字」「常用漢字」に入つてゐるかどうかの記憶が強ひられるのは、常人のとても耐へられるところではありません。少なくとも私には全く無理です。

そもそも新字體といふのは、學習の負擔を輕減するといふことが大きな狙ひだつたのですが、結果としては非常な負擔増となつてゐます。

どうせなら皆さん、全部正字にもどさうではありませんか。私は怠け者ですから、實は學習負擔の輕減は大歡迎なのです。皆さんだつてそのはずです。

「戀」を「恋」と變へたがための大混亂

はじめ「当用漢字新字体」といふものが決められたのは、今後日本人の使ふことの許される漢字は千八百五十字に限定されるとの見通しないし「希望」によるものでした。

ところが實際はさうは行かなかつた。スポーツ關係の話なら大鵬柏戸栃錦の類（四五十年前のお相撲さんの醜名(しこな)です）も使はざるをえない。さうなると、「当用漢字」以外の漢字には新字體がないので正字を使ふしかありません。そこで當然混亂が起ります。ひとつの文面に正字・略字が亂舞することになります。

ちかごろは、岩波書店を筆頭として各出版社は、古典的な作品についてもどんどん新漢字に書き換へて出版してゐますから、意味が通らなくて困ることが多くなつてゐます。

それに、われわれが例へば『續日本紀』だの『拾遺和歌集』だのを讀むときには、さてこの時代こんなときにはどんな文字を使つてゐたのかな、といふ關心から見ることもあるのですが、岩波「新日本古典文学大系」などではさうしたことを知ることは絶對にできません。文字をわざわざ變へて出版してゐるのですから、要するに全く役に立ちません。仏か佛か、欠か缺か、県か縣か、弐か貳か、かういふことは決してわからないわけです。古典にどう書いてあるのか絶對にわからないといふ古典の本です。

私がつくづくひどいと思ふのは、漢字の字體について書かれた本までが新漢字に改變されてゐることです。全くわからない。

文化・文政のころの學者に村田了阿（れうあ）といふ人があつて『了阿遺書』といふじつに面白い本を殘してゐる。そこにこんな記述があります。

> 恋といふもんじのなりを、はんじ物、言（ことば）しからむから糸の、とくにとかれぬ下心。
> 恋といふ文字のつくりの糸なればしたの心のくるしかるらん。

「恋」といふ字が、「言」だの「糸」だの「心」だのといふ文字からできてゐるといふのです。そんなバカな話はないぢやありませんか。恋の字はだれが見ても「亦」と「心」ぢやありませんか。なにを言つてゐるのかさつぱりわかりません。

これは實は「戀」の字についての俗謠なのです。これなら言も絲も心もある。「戀」とあるならよくわかります。しかし中央公論社はこれを「恋」と變へて出版したために、まつたく意味不明の怪文書になつてしまつたのでした。

戀といふ文字の形りを、判じ物、言し絡む唐絲の、解くに解かれぬ下心。
戀といふ文字のつくりの絲なればしたの心の苦しかるらん。

です。

幸田露伴の「俳諧字義」が岩波文庫『露伴随筆集（下）』で出てゐますが、「隋の時代、国号の隋の字はもともと随だつたのを文帝がこのシンニュウ（辶）を忌んで隋とした」というやうなことが書いてある。

しかし、露伴がこんなバカな話をするわけがない。「随」からシンニュウを取り去つても「隋」にはなりませんね。よく見てください。文帝は随のシンニュウを忌んで隋とした、と露伴は書いたのですよ。新漢字のせゐで、岩波文庫では露伴が大間違ひをやつたことになつてゐる。

書けなくてもまづ讀めればよし

やはり皆さん、正字舊字の全面復權に立ち上がりませんか。それに、ちよつとカッコよくやらうといふときは舊字にかぎります。讀賣新聞、朝日新聞、產經、毎日、日經……。新聞社は軒並み、題字には古體の文字を使つてゐます。讀賣新聞（讀賣報知新聞）は昭和二十年十一月十二日、敗戰からわづか三ヶ月のときに社說で「漢字を廢止せよ」と論じて次のやうに言ひました。

漢字を廢止するとき、われわれの腦中に存在する封建意識の掃蕩が促進され、あのてきぱきしたアメリカ式能率にはじめて追隨しうるのである。文化國家の建設も民主政治の確立も漢字の廢止と簡單な音標文字（ローマ字）の採用に基く國民知的水準の昂揚によつて促進されねばならぬ。

その讀賣新聞は六十年以上たつた今も、商品（新聞紙）には「讀賣新聞」の看板を掲げたままです。やはりこつちの方がカッコいいと思つてゐるわけです。

ただ、もしかすると最近は戰後的な感覺が戻つてきてゐるかもしれません。といふのは、野球の松井秀喜選手がヤンキースに移籍したあと、讀賣新聞はニューヨークのヤンキースタジアムに、大きな廣告看板を出しました。そこには、

読売新聞

と新字表記がされてゐるからです。私がこれをテレビで見て少し異様の思ひがしたのは、

この新聞社はもしかすると「アメリカ人には舊漢字は難しからうから新字體で廣告を出さう」とでも考へたのではないかと思つたからです。もしさうとすれば、これはかなりのバカさ加減です。ほとんどビョーキだ。まさかとは思ひますが。

造り酒屋さんも旅館も證券會社も和菓子屋さんも、また大學正門の門標なども、なるべく正字を使つてイメージをよくしようとします。といふことは、われわれ多くの庶民は結局正字が好きなのですね。暴走族のお兄さんたちも正字、表外字で、例へば逗子夜光蟲、相模聯合、湘南龍蛇團といふわけです。われわれも彼らに負けないやうにしようではありませんか。

もちろん、ペンを持つて紙に字を書くときは適當に略します。なにも「鹽」だの「繩」だの「龜」だのをこの通り手書きせよなんてだれも言つてゐません。「塩」「縄」「亀」で十分です。

さう言へば『徒然草』に面白い話がありますね。和氣篤成といふ醫師が、食膳のものについてなんでも聞いてみろ、どんな字で書くかどんな滋養があるかみな答へてやる、と自慢した。そこで意地惡な公卿が「しほ」の字はなにに偏かと尋ねる。醫師はただちに「土へんに候（さうらふ）」と答へたので、その學も大したことはないぢやないかと大笑ひになつたといふのです。なるほど「鹽」の字は土偏ではない。當時からふつうは「塩」と書いてゐたわけです。ただ正式書類にはいはゆる正字、舊字を使つてもらはないと、いろいろ述べたやうに現實に困ることがあるわけです。

ただその前に、讀めなくてはなりませんね。ちかごろはたしかに舊字が目に觸れる機會が少なくなつてゐるので、讀めない人が多くなつてゐる。非常に困ります。俳句を作る人に一言すると、俳句の季語などは「常用漢字」以外のものがごろごろありますから當然舊字、といふか「正字」です。蓬萊、藪入、傀儡、菠薐草、蕗の薹、臘梅、といふわけです。それなら一句の中では揃へた方が恰好がいいでせう。そのためにもまづ讀めなくちやなりません。數はわづかですが、新舊字體の大きく違ふものを百字ばかり竝べてみませう（カタカナで示した字音は表音式表記です）。

アツ	壓（圧）	イ	醫（医）	イ	圍（囲）
エイ	榮（栄）	エン	圓（円）	エン	鹽（塩）
オウ	櫻（桜）	オウ	應（応）	カ	假（仮）
カ	價（価）	ガ	畫（画）	カイ	會（会）

カイ　繪（絵）
ガク　嶽（岳）
カン　觀（観）
キ　龜（亀）
キョ　擧（挙）
ケン　縣（県）
ゴウ　號（号）
シ　齒（歯）
ジツ　實（実）
ジュウ　澁（渋）
ショウ　證（証）
ジョウ　繩（縄）
スウ　樞（枢）
セイ　齊（斉）
セン　纖（繊）

カク　擴（拡）
カン　罐（缶）
キ　氣（気）
キュウ　舊（旧）
ゲイ　藝（芸）
コウ　廣（広）
コク　國（国）
ジ　辭（辞）
シャ　寫（写）
ショ　處（処）
ショウ　稱（称）
ジン　盡（尽）
スウ　數（数）
セツ　竊（窃）
ソウ　雙（双）

ガク　學（学）
カン　關（関）
キ　歸（帰）
キョ　據（拠）
ケツ　缺（欠）
コウ　恆（恒）
サン　蠶（蚕）
シツ　濕（湿）
ジュ　壽（寿）
ショウ　燒（焼）
ジョウ　疊（畳）
ズ　圖（図）
セイ　聲（声）
セン　淺（浅）
ゾク　屬（属）

ゾク　續（続）
ダイ　臺（台）
ダン　斷（断）
チュウ　蟲（虫）
テツ　鐵（鉄）
デン　傳（伝）
ドク　獨（独）
バイ　賣（売）
ビ　彌（弥）
ヘン　邊（辺）
ホウ　寶（宝）
ヨ　與（与）
ヨ　譽（誉）
レイ　勵（励）
ワン　灣（湾）

タイ　體（体）
タン　擔（担）
チ　遲（遅）
チュウ　晝（昼）
テン　點（点）
トウ　當（当）
ニ　貳（弐）
バク　麥（麦）
ヒン　濱（浜）
ヘン　變（変）
マン　萬（万）
ヨ　豫（予）
ラン　亂（乱）
レン　戀（恋）

タイ　對（対）
ダン　團（団）
チ　癡（痴）
チョウ　廳（庁）
テン　轉（転）
トウ　黨（党）
ハイ　拜（拝）
ハツ　發（発）
フツ　拂（払）
ベン　辯（弁）
ヤク　譯（訳）
ヨ　餘（余）
レイ　禮（礼）
ロ　爐（炉）

第六章　国語を壊そうとした人たち

カタカナ書きを提案した新井白石

「現代かなづかい」と「当用漢字」の告示といふ大改革、私に言はせれば「大破壊」は、昭和二十一年に突然行はれたものですが、もちろん古くからの底流はありました。日本人がはじめて西洋人（ポルトガル人）に接した五百年近くも前から、日本語はどうも不合理だといふ意識が知識人の間に芽生えた、と言つていいかもしれません。

ただ、それらはほとんど夢のやうな話で、火星人を語るロマンのやうなものです。どこその人々は数字は三までですべて用が足りてゐるさうな、といつたレベルといふべきでせう。実際その程度の議論が多かつたのです。

現在のわれわれは無視していいでせうが、それでも参考までにいくつか挙げてみませう。

新井白石（あらゐはくせき）といへば江戸中期の代表的な大学者であり、こんにちのわれわれも深く尊敬してしかるべき大儒ですが、さまざまな著作の中で、西洋ではわづか二十字三十字程度ですべての用を弁じてゐるのに反して、わが国では無数の漢字が使はれてゐて難儀至極である、といふ意味のことを述べてゐます。そしてカタカナ書き、横書きの法を提案したりしてゐます。

またこれも偉大な国学者賀茂真淵（かものまぶち）なども、『國意考』で、わが国で用ゐる文字の数の多さとわづらはしさに触れたあと、

然るを天竺には、五十字もて、五千餘巻の佛の語を書傳へたり。たゞ五十の字をだにしれば、古しへ今と限りなき詞もしられ、傳へられ侍るをや。

といふ具合に述べてゐます。五十字あればすべてのことが書き伝へられる。すばらしい、といふわけです。

また山片蟠桃（やまがたばんたう）といへば、これまた江戸後期の大学者で、天文から儒学・仏説・蘭学・商学にまで通じた天才でした。この人もその代表的著作『夢ノ代』で次のやうに言ってゐます。

西洋ノ人々ハ、……文字ハ纔（わづか）ニ二十六字ノ眞草行ト、ヨセ字（数字など）等ニテ百字バカリナレバ、十歳マデニ國字ヲマナビツクシテ、知ヲイタシ物ヲイタスニカヽルコ

トユヘ(エ)、ソノ知術ノ弘キコトシルベシ。

そのほかにも多くの学者が、同じやうに論じてゐます。

要するにローマ字などは数が少ないのに全て用が足りる。それなのにわが国では文字が数多くまた面倒で、これを学ぶのに非常な負担がかかるから学術に遅れが出るのだといつた論調でした。

初期啓蒙思想といふものはかういふ形で出てくるものなのでせうが、それにしてもその議論の滑稽さは現在なら小学生にもわかることです。

なるほど十歳でアルファベットを知ることは簡単でせうが、それを以て「國字ヲマナビツクシ」たとはあまりに埒もない話です。

志賀直哉・森有礼の日本語廃止論

ところが実は、笑つてばかりはゐられないのです。といふのは、これと同じことを言つて国語改革に大きく「貢献」した人物は、ごく最近までぞろぞろとゐました。その一人に石黒修といふ人があります。この人は「現代かなづかい」「当用漢字」を制定したときの国語審議会委員で、改革（破壊）を強力に主張した人です。その仲間には金田一京助、松坂忠則、岩淵悦太郎といった人々がありました。

その石黒氏は東京教育大学の教授もつとめた人ですが、その著『日本人の国語生活』で次のやうに述べてゐます。

アルファベットは二十六字しかないのにすべての用を弁ずる。当用漢字千八百五十はその八十倍もある。無駄があり習得も困難である。

これが東京教育大学、いまの筑波大学の言語学系教授の「知性」ですから事はおだやかでない。やはりそのバカさ加減だけは一応教へておいた方がよいでせう。

そもそもアルファベットのrならrといふ字は「語」ではありません。漢字は一つ一つが「語」です。「語」といふ字はゴの音標ではなく単語です。例へば英語でw、o、r、dの各文字がこの順で組み合はされてはじめてwordといふ語ができます。これが漢字の「語」にほぼ相当します。

w、o、r、dの四文字以内しか使へないとしても、四字でできる組合せは計算上は二百五十六通りあつて、そのうちたつた一つが「語」の意味の単語となる。だから四字しかないやうに見えても実は二百五十六個の漢字があるのに等しい。

とまあ、馬鹿馬鹿しい話です。

アルファベットを二十六字とし、英単語をすべて四字綴りと仮定しても、二十六の四乗、四十五万以上の「語」ができる。五字綴りと仮定すれば一千万以上の組合せができる。実際は何字綴りでも構ひません。ａといふ一字の語もある。私は昔、大学受験のころ、英語の綴りでずゐぶん字数の多いものを見たことがあり、それをおぼえこんで喜んでゐたことがありますが、それは、

pneumonoultramicroscopicsilicovolcanoconiosis

といふものです。漢字で書けば「珪肺」（肺の病気の一種）です。これなどは綴り四十五字もある……。

さういふ話はともかく、字数が二十六字だから文字についておぼえることは少ないなどといふのは、冗談にも言ふことではないバカ話です。

ただ、実際に、その程度の知性が戦後の国語改革を指導してきたのは確かな現実なのです。

先に触れたやうに、当時の国語審議会委員松坂忠則氏は、これからの日本人には例へば『源氏物語』を読まうなどといふのは許せぬ贅沢だと論じましたし、文部省は、これからの学生生徒は「古典から解放」されなければならないと国語科指導要領で「指導」しました。また志賀直哉は、日本が文化国家になるためには日本語を捨ててフランス語を採用すべきだと論じました。

のちに文部大臣となつた森有礼(もりありのり)は明治の初めに、日本は、日本語を廃して英語を採用すべきだと主張しました。しかも森はその主張をアメリカ人言語学者・詩人ホイットニーに書翰で送り、そのホイットニーから厳しくたしなめられてゐます。

つい六十年ばかり前の志賀直哉は、明治初期の日本人の愚かさをみごとに再現して見せたわけです。

その森・ホイットニー往復書翰は、大西雅雄の訳で昭和十二年の『コトバ』(第七巻第四号・六号)に掲載されました。私はその資料は持つてをりませんが、国語問題に詳しい評論家土屋道雄氏が、その浩瀚な著『國語問題論争史』(玉川大学出版部)で紹介してをられる。

そこにホイットニーの手紙が紹介されてゐるので、ここにそれを孫引きさせてもらひます。こんな文面です。

一國の文化の發達は、必ずその國語に依らねばなりませぬ。さもないと、長年の教育を受けられない多數の者は、たゞ外國語を學ぶために年月を費やして、大切な知識を得るまでに進むことが出來ませぬ。さうなると、その國には少數の學者社會と多數の無學者社會とが出來て、相互ににらみあひになつて交際がふさがり、同情が缺けるやうになるから、その國の開化を進めることが望まれなくなります。

まことに恥づかしい思ひがしますが、明治政府の文部大臣となるやうな人が、アメリカ人にかうやつて諭されてゐたわけです。森書翰は当時アメリカのジャーナリズムに掲載され、しかも、この意見は国を危ふくさせるやうな皮相な見解だといふ意味の注釈まで附けられてゐたのださうです（土屋前掲書）。

国語改革大論争の始まり

森・ホイットニー往復書翰は明治の初めごろのことなのですが、かうした森流の思想は消し去られることはなく官界、民間に底流してゐました。そして昭和二十年の敗戦、連合軍による占領となり、国民は食を求めて必死の耐乏生活、といふ昭和二十一年に、占領軍の実質的後押しを得てほとんど審議もされないまま強行されたのが「現代かなづかい」と「当用漢字」でした。

もちろん形式上は審議を尽したやうな恰好になつてゐます。国語審議会には「かなづかい主査委員会」が設けられ、昭和二十一年六月から九月まで、十二回の会合がありました。しかしメンバーは元台北帝国大学総長安藤正次(まさつぐ)だとか、東京帝国大学名誉教授藤村作(つくる)だとかいふえらい先生方二十人が一室に集合して審議するといふものですから、欠席も多いし、実態は原案に対してその場で思ひついた感想を少し述べてみる、といつたものです。

メンバーには極めて熱心な改革論者がざつと数へて九人はあり、その人たちはほとんど皆勤しました。カナモジカイの松坂忠則、ローマ字協会の佐伯功介、国語協会の石黒修といつた人たちです。

昭和二十年八月に敗戦が決定し戦闘が終つて翌年六月の話です。文字通り食に追はれてゐた国民が、審議の経過を知つてよく考へるなどといふことは起りやうもなかつた。そして昭和二十一年十一月十六日の公布ですから、国民の大方にとつては知らぬ間の決定でした。数年たつて事の重大さに気づいた人々が抗議した時はすでに後の祭でした。

第二次大戦後の大慌ての国語改革は、かうした背景・底流があつて現実となつたものです。

ですから、この国語問題が実質的内容を伴つて議論され出したのは昭和三十年前後からだつたでせう。そのころから、改革派の「本音」が多くの国民に知られるやうになり、大論争が巻き起ることになつたわけです。

賛成派・反対派の主な意見

以下はなるべく私のコメントは控へながら、この問題についての議論のいくつかを紹介することにします。

［アメリカ教育使節団報告書］

アメリカ教育使節団といふのは、連合国軍最高司令官による陸軍省への要請によつて来日した集団です。それが昭和二十一年三月に来日し、一ヶ月ほど滞在してマッカーサー元帥に報告書を出した。それが「アメリカ教育使節団報告書」です。講談社学術文庫に収められてゐます。

……われわれは、深い義務感から、そしてただそれだけのみから、日本の書き言葉の根本的改革を勧める。

……書かれた形の日本語は、学習上の恐るべき障害である。日本語はおおむね漢字で書かれるがその漢字を覚えることが生徒にとって過重な負担となっていることは、ほとんどすべての識者が認めるところである。

……本使節団の判断では、かなよりもローマ字のほうに利が多いと思われる。さらに、ローマ字は民主主義的市民精神と国際的理解の成長に大いに役立つであろう。

［国語審議会、安倍能成会長の挨拶］

昭和二十一年九月二十一日、国語審議会第十一回総会が行はれ、このときの決議により「現代かなづかい」の答申が決定しました。その際の安倍会長の挨拶です。当時の占領軍といふものの「意味」がよくうかがはれる挨拶になつてゐます。

……昨年終戦以来、民主国家・文化国家の建設ということは世界に対する公約であり、わが不動の国是であります。この時に当って、国家再建の前提をなす国語問題の解決は、われわれとして、どうしても等閑に付しておくことはできないのであります。

本年三月、わたくしの文部大臣就任中のことでありますが、米国からわが国に教育使節団が来朝し、教育問題について、種々意見の交換を行い、かつ適切なる忠言をうけたのでありますが、この時も国語問題、ことにわが国の文字改革について、かれらがなみなみならぬ関心を抱き、かつ根本的の改革意見を持っているを知り得たのであります。

この後、諸報告、原案説明などがあり、数項目の短い質疑があつて採決されました。七十人ほどの審議会委員のうち、「現代かなづかい」原案に反対した人は、小宮豊隆、藤村作、諸橋轍次(もろはしてつじ)、時枝誠記の四名だけで、賛成したのは会長はじめ、石黒修、山本勇造(有三)、岩淵悦太郎、松坂忠則、金田一京助、といった面々です。

［漢字に関する主査委員会］

終戦間もない昭和二十年十二月から漢字主査委員会が作業を始め、二十一年四月、「常用漢字表」千二百九十五字が決定、発表されました。それに対し例へば日本経済新聞社長小汀利得(をばまとしえ)は、「一見してこの表では到底新聞はやつて行けないことは明らかである」「わたくしの新聞では四千二百字を使つてゐる。無理な漢字制限は実行できない」と意見を述べました。そんなこともあつて四月の総会では議決答申ができず、五月八日の第十回総会で新しい主査委員会をつくることが決められました。その主査委員会が「当用漢字」の選定を行ひ、二十一年十一月五日に第十二回総会が行はれ議決答申されました。そして同十六日、千八百五十字の「当用漢字表」が「現代かなづかい」と同日の内閣告示となりました。

総会での安倍会長の挨拶の一節にかうあります。

御承知のようにわが国においては、漢字が複雑かつ無統制に使用されているため、社会生活上少なからぬ不便があり、文化の進展にも大きな妨げとなっているのであって、漢字の制限は一日も早く断行しなければならないと信じます。

連合軍司令部においても、つとにこの問題に深い関心を示しており、この春来朝した米国教育使節団も、とくに言語に関する一部門を設けて、報告書の中に言語改革について触れております。

［福田恆存『私の國語教室』］

かうして、政策としては改革派の全面的勝利となつて長い時間が経過しました。もちろん多くの議論は戦はされました。しかしその中で特筆すべきはやはり福田恆存『私の國語教室』（新潮社・昭和三十五年）の出版です。戦後一連の国語改革に対する、徹底的、全面的な批判の大論文です。それまで国語問題にはとくに関心のなかつた多くの人々を一気に目覚めさせてしまふ強烈な影響を与へました。現在も一まとまりの著作としてこれほどのものはなく、反対派の基本文献となつてゐます。

私自身はこれを読む前から旧かな派で、大学受験の英文和訳の解答を旧かなで書いたことを自慢にしてゐるクチでしたが、刊行されたときは夢中で読み、改めて自分の考へを確認した次第でした。昭和五十年に新潮社で文庫化されたときは、福田氏から校正をやるやうに言はれて、張り切つてがんばつたものです。

コメントはあまり入れないと言ひながら自慢してしまひました。この本の中から一ヶ所だけ紹介します。実は福田氏がこの本の中で、氏自身による金田一京助批判の論文から、自ら引用してをられる部分です。

私は元來國民のほとんどすべてが誤りなく讀み書きできる國語といふ考へ方に疑問をもつてゐます。たとへ「現代かなづかい」と「當用漢字」の易きをもつてしても、その標準から脱落するものの數は現在より決して減りはしますまい。間違つた文字や文章を書いても、それで結構通じもするし、日〻の用に事かかぬといふ、その程度の階級があり、またその程度の用途にとどまる文章もあつてよいはずです。

古典からの距離は個人個人によつて無數の違ひがある。その無數の段階の差によつて、文化といふものの健全な階層性が生じる。それを専門家と大衆、支配階級と被支配階級、といふふうに強ひて二大陣營に分けてしまひ、兩者間のはしごを取りはづさうとするのは、大げさに言へば文化的危險思想であります。

［國語問題協議會］

国語審議会は、昭和三十三年十一月、「送りがなのつけ方」を議決し、各方面からの強い反対・批判を浴びましたが、反対を押し切つて翌三十四年七月十一日、これは内閣訓令・告示第一号をもつて公布されました。

しかしそもそも送りがなを統一的に制定することなどできるわけもない。多方面に無数の慣習・用途・目的があつてそれぞれ巧妙に使ひ分けてきたのが送りがなの実際です。果して世間に非常な混乱が生じ、それまでは完全に審議会に服従してきた教育界や報道機関までが、今度ばかりは多くの疑問の声を発するに至りました。

その混乱の中、大きな危機感を抱いた現場教師、岩下保、近藤祐康両氏などの懸命な働きによつて、戦後国語政策に反対の各界有志百六十余名の賛同を得、昭和三十四年十一月四日、國語問題協議會が設立されました。若い評論家土屋道雄氏もすぐに参加してゐます。

この団体は五十年近く経過したこんにちも活動を継続し、国語政策・国語教育に活潑な提言を行つてゐます。

同會は、設立声明文も発表し、宣言書も出しましたし、その他多くの啓蒙的あるいは請願的な文書、また独自の著作物なども出してきたのですが、ここではむしろメンバーの名を挙げるのみで中身を想像してもらつた方がよささうです。

この會は、日本経済新聞社長小汀利得を理事長にいただき、常任理事に新井寛、犬養道子、臼井吉見、大岡昇平、大野晋、木内信胤、田辺萬平、豊田雅孝、福田恆存、山本健吉各氏が就任、理事・評議員には次の名前が見られます。順不同ですが、ここでは関西大学事務職渡部晋太郎氏の業績である大著『国語国字の根本問題』（新風書房）に掲げるものをそのまま写しておきます。

井上靖　北原武夫　澤野久雄　篠田一士　子母澤寛
亀井勝一郎　海音寺潮五郎　江藤淳　進藤純孝　杉森久英
高橋義孝　中村光夫　野田宇太郎　久保田万太郎　村松剛
服部嘉香　舟橋聖一　細川隆元　村上元三　小島政二郎
田中美知太郎　石川淳　大井廣介　尾崎一雄　小林秀雄
小宮豊隆　田中千禾夫　長谷川如是閑　木村剛　五味康祐
佐伯彰一　佐藤春夫　田中澄江　谷崎潤一郎　御手洗辰雄
今東光　中山義秀　廣津和郎　三浦朱門　長谷川伸
田村泰次郎　三島由紀夫　林房雄　村岡花子　室生犀星
結城信一　山之口貘　日夏耿之介　平林たい子　森茉莉
里見弴　吉田健一　森田たま　金子光晴　河上徹太郎
安岡章太郎

［国語審議会五委員脱退事件］

昭和三十六年三月には、第五期の国語審議会委員の任期が切れようとしてゐました。次期の委員は委員互選の推薦協議会委員によつて推薦されるといふことになつてゐたのですが、それだとこれまでと全く同じ色彩・傾向の委員が選ばれることになります。事態の変化・発展は起りやうがありません。そこで、「表意派」と当時いはれた作家舟橋聖一を中心とした委員が、推薦方式の変更を強く要請し、抵抗する土岐善麿会長ほかと鋭く対立します。

その結果、埒（らち）が明かないと見た舟橋氏など五人の委員が脱退した事件が起り、当時大変な話題となりました。その五委員といふのは舟橋氏をはじめ、宇野精一東京大学教授、塩田良平大正大学教授、成瀬正勝東京大学教授、山岸徳平実践女子大学学長の諸氏です。

これが世間に非常な衝撃を与へ、それ以後、国語問題はこれまでとは違つた規模で大々的に論議されるやうになります。多くの人の耳目が国語の問題に集まる好機となつた事件でした。

際立つた意見をさらにもう少し

この問題については論争史をたどると切りがありません。さまざまな立場からの論集はたくさん出てゐるので詳しくはそちらを見ていただくこととして、この章の最後に、やや特徴の際立つた議論の一部を見てみませう。もちろん珍しい議論といふほどのことではありません。

旧かなを勧めて一緒に楽しみませうといふ本書著者の考へ方とは、少しあるいは大いに異なる意見ばかり並べてみました。

タカクラ・テル『新ニッポン語』（理論社、昭和二十七年）

ニッポン語わいったいどーいうことばだか、ニッポン人のだれも知らなかった。ニッポンの封建的な支配者たちわ、意識的に、またわ無意識的に、すべてのニッポン人がニッポン語の本質お知ることお、もっともおそれた。なぜかというと、今のニッポン語のなかにわ、封建的な要素が深く横たわっており、それわ、やばんな封建制の絶対主義的支配と、はなすことのできないかんけいおもっていたからだ。

ニッポン人にニッポン語の本質お知らせ、それお通じて、いまのニッポンの社会にのこっている封建的な要素お自覚させるために、私わこの本お書いた。

伊藤忠兵衛「漢字全廃論――文字と能率」(「中央公論」昭和三十三年六月)

……漢字は日本の社会の発展にとって、大きな妨げになっている。民族の将来のためには漢字は全廃しなければならない。

……まず第一に漢字を全廃することにきめることだ。問題はそこからはじまる。

加藤秀俊『電子時代の整理学――事務機器を点検する』(中公新書、昭和六十年)

……これからの日本語を、しっかりと、わかりやすいものにしてゆくために、いまメーカーがかんがえるべきことは、当用漢字、ないし常用漢字だけをいれた基礎日本語のしっかりしたアプリケーションをつくることだ。

梅棹忠夫「ワープロのもたらしたもの――事務革命はおわったか」(『日本語と事務革命』くもん出版、昭和六十三年)

……ここでひとつの提案がある。ワープロをワープロたらしめるために、どうすればよいのか。そのつかいかたについての提案である。それは、漢字変換をやめることである。ひらかなだけの文章で、それを漢字に変換しないままで、うちだすことである。

おさらひ

この項に挙げるものは全部、ほかのページですでに述べたことばかりです。それをここに繰り返すのは、しよつちゆう使ふ普通の言葉なのに、誤りやすいからここでまとめて整理して、おぼえ返しておかうといふわけです。

「あぢさゐ」だの「わらぢ」だのはなるほど誤りやすいけれども、ふだん盛んに使ふといふ言葉でもないので、間違へてもマアあまり目立たない。ところが「さうだらう」などは盛んに使ひますから、これを例へば「そふだろふ」だの「そうだらふ」だのとやつてゐたら、どうも悲惨なことになる。しかもこれは間違へやすいと来てゐるので、よくよく注意が肝要です。

といふわけで、その種のものをここでまとめておきませう。

まづ、次の例文を見てください。

さうかうしてゐるうちに言はう話さうと思うてゐたこともつい言ひそびれてしまひました。

「**さう**」は「そのやうに」「さやうに」といふ意味の副詞で、もともと「さ」だけでよかつた。漢字を宛てれば「然（さ）」です。「さやう」「さほど」「さばかり」の「さ」ですが、あまり短い言葉は案外使ひにくいもので、使ひやすいやうに延ばしたのが「さう」です。「さ思ふ」よりは「さう思ふ」のはうが言ひやすく聞きやすくなりますね。元が「さ」ですから、延びたものも「さ」を生かして「さう」となる次第です。もちろん本来のやまとことばです。

似たものに、

合格したさうだ　雨が降りさうだ

の「さう」がありますが、これは漢語で「相」の字音だらうとされてゐます。意味も語源も違ひますがどちらも「さう」となります。

「**かう**」は「このやうに」「かやうに」の意味の副詞で、漢字を宛てれば「斯う」。これももともと「か」だけでよかったのですが、室町期以降コーと延びた。元が「か」なのでコーとなつても「か」を生かして「かう」となります。もつとも「かく」は『古事記』以来見えますから、とすれば「かう」は「斯く」の「ウ音便」です。この語の成立にはいろいろ謎がありさうですが、いづれにせよ「か」は生きて「かう」です。

「**ドーする**」の**ドーは**「**どう**」。「どふ」だの「だう」だのとやらないやうに。この語の成立についてもいろいろ謎があるやうです。有志の方はご研究を。

「**モー終つた**」の**モーも**「**もう**」。「まう」ではない。

「**ゐる**」は始終使ふ動詞です。漢字を使へば「居る」。これが「いる」でなく「ゐる」である理由として最も正確な答は、

昔から「**ゐる**」**と書いてきたから**

となります。まさに歴史的仮名遣とはさういふものです。

似たやうな意味の言葉の「**をる**」。これも漢字を使ふと「居る」ですが、かなでは「をる」。「お待ち申して**をり**ました」といふ具合です。「ゐる」と「をる」はどちらもワ行の

文字です。

「**言はう**」は、「言ひたい・言ふことにしよう」の意味のイオーですが、これは「言ふ」の未然形「言は」に助動詞「む」が附いた「言はむ」の変化です。動詞活用の姿は残して「言は」を生かします。

「**話さう**」ももと「話さむ」ですから「話さ」は仮名遣に残ります。

「**思うてゐた**」の「**思うて**」は、「思ひて」の「ウ音便」なので、「思ふて」ではなく「思うて」。

これはよくよくご注意のほどを。これを「思ふて」と間違へるのは、例へば「ウーマンリブ」を「ウーマンリヴ」とやつたり、「バレエ音楽」を「ヴァレー音楽」とやつてみたりするやうな、ある特別な恥づかしさがあるものです。

「**つい言ひそびれ**」の「**つい**」。

「うつかり」とか「なんの気なしに」といふ意味の副詞で、語源はよくわかつてゐないやうですが、江戸時代以降の俗語的な語です。擬態語と言っていいでせうから、この種の語は表音的に表記します。「じわりと沁みる」はなにも「ぢわりと」だの「じはりと」だのと書くものではなく「じわりと」であるのと同じやうなものです。

似たものに「終」の字を宛てて「終の住処」、また「遂」の字を宛てて「遂に完成した」などとなる「つひ」があります。これは平安朝の昔から「つい」「つひ」「つゐ」などと書かれて不安定でしたが、『古事記』に「都毘迩（つひに）」といふ表記が見られることなどからして「つひの」「つひに」と書くのが正しいやうです。

また次の例文。

あのやうな子どもでも教へやうはいくらでもある。きちんと教へよう。

「**やう**」と「**よう**」の問題です。旧かな、歴史的仮名遣を遣ふ人が最も間違へるのがこの「やう」と「よう」の遣ひ分けです。

「**やう**」と書くのは、漢字を宛てれば「様」になる名詞ですから、ありかた、やりかた、方法、様態、型、法、てだて、手段などの意味になります。「様」の字音で「やう」となります。

教へやうがない
逃れやうがない
口の利きやうに気をつける
お兄さんのやうにがんばれ

といふ具合です。

「**よう**」は和語であり助動詞です。四段以外の動詞、動詞型活用の助動詞の未然形に附いて意志、意欲、推量、勧誘などの気持を表現するものです。

［意志・意欲］
しつかり見ようと思ふ
もう寝ようか
息子にやらせよう
［推量・推測］
見えようはずもない

まもなく判明しよう
ぢき明らかにされよう
［勧誘］
みんなで考へよう
さあ駆けつこをしよう

といふ次第です。

同じ「見ヨー」でも、見たい、見るつもりだ、一緒に見よう、きつと見ることにならう、といつた意味の時は「見よう」となり、見るさま、見る手段などの意味の時は「見やう」となるわけです。

なほ、「やう」については、後ろに指定の助動詞「だ」が附いた「やうだ」を助動詞として立てるのが一般的な文法処理となつてゐます。そこでこの助動詞の活用はかうなります。

そのやう**だら**う（未然）
そのやう**だつ**た（連用）
そのやう**で**ある（連用）

その**やうに**せよ（連用）
その**やうだ**（終止）
その**やうな**（連体）
その**やうなら**（仮定）

この助動詞活用の件は、さきに挙げた「さう」についても同じです。「さうだ」といふ助動詞ができてゐる。活用の形は「やうだ」と同じで「出来**さうだらう**」「出来**さうだつ**た」「出来**さうに**なる」ほかとなります。

如何にいます父母　恙なしや友がき

この「いらつしやる」といふ意味の尊敬動詞「います」は、一往古語と言つていいでせうが歌の文句などでは今も盛んに使ふ。「ゐます」ではなく「います」といふ一単語です。旧かなづかひの人でもしよつちゆう間違へる。注意しませう。

先生もこちらにいらつしやるさうでございます

尊敬動詞「**いらつしやる**」は「いらつしやる」です。「ゐらつしやる」などとやらないこと。

「**ございます**」は、当て字で「御座居ます」などと書くことがあつて、「居」なら「ゐ」ですからつい「ござゐます」とやつてしまふ人がある。しかし「ございます」は「ござります」が「イ音便」を起したものですから「ございます」となります。

ぢき日も落ちませうし、急いだはうがよろしいでせう

この「ませう」「でせう」は語史・語誌をさぐるとなかなか複雑なことになりますが、「ませう」は助動詞「ます」の未然形「ませ」に助動詞「う」の附いたもの、「でせう」は助動詞「です」の未然形「でせ」に助動詞「う」の附いたもの、とおぼえておきませう。

わしや歳のせゐで目も見えんやうになつたわい

「**わしや**」は本来「わしは」ですが、発音上の変異を起してワシャとなつてゐることを写してゐるわけですから「わしや」です。もちろん「わしゃ」と書いても結構です。

「**せゐ**」は漢字「所為」、つまりショヰから来たものとして「せゐ」が正しいと考へられてゐます。

「**見えん**」は、「見えぬ」の転。「見え」はヤ行動詞「見ゆ」の未然形だから「見え」となります。「見へ」でも「見ゑ」でもない。「ん」は本来「ぬ」なのだけれども、ミエヌではなくミエンといふ発音をしたことを文字で表現したものなので、当然「ん」となります。

「**わい**」はいはば発音表記ですから「わい」となる。

こんにちは　こんばんは

これは「こんにちは良い日和でございます」といつた挨拶の下略ですから助詞「は」を使ひます。もちろん「コンチワー」などの場合は発音表記で「こんちわー」「コンチワー」となる。

あるいはさやうでもあらうか

「**あるいは**」は中世・近世・明治まで「あるひは」と書かれることが多かつたのですが、奈良・平安の文献ではすべて「あるいは」となつてゐます。歴史的仮名遣としては「あるいは」です。

さて特に間違へやすいものはこんなところでせうか。これでまあ歴史的仮名遣は大丈夫といふわけですが、もちろんまだ不明のものもあつて、完成・成長の途上にあると言つていいものです。例へば「くわゐ（慈姑）」などは「くわゐ」として本書でもその立場ですが、完璧にこれが「正しい」のだと頑張ることはできません。疑ひも残つてゐます。その他、

くぢら（鯨）
どぢやう（泥鰌）
づうづうしい
あわ（泡）

うるはしい（麗しい）
をめく（叫く）
やをら
つくゑ（机）

など微妙なものはたくさんあります。しかしかういふものは、専門の学者の議論・研究が落ち着くのを待ちながら、現在の一往の結論に従つて右のやうに書いてゐればいいわけです。

大森惟中のおぼえ歌

國語問題協議會が平成七年に覆刻・発行した『仮名遣ちかみち』（山田孝雄監修・小島好治編）といふ極めて便利な本があります。そこには歴史的仮名遣を手際よくおぼえるための「おぼえ歌」がたくさん挙げられてゐる。国学者大森惟中（おほもりゐちゆう）が作つたもので、実に要領のいいものです。並べておきませう（この作者は私はよく知らなかつたのですが、畏友上田博和氏のご教示により、原拠は大森惟中『新式音訓かなつかひ教科書』〈明治二十七年十月刊〉であることがわかりました）。

［ぢの歌］

氏(うぢ)汝(なんぢ) 小路(こうぢ) 蛞蝓(なめくぢ) 鯨(くぢら) あぢ（鰺・味） 筋(すぢ) ひぢ（臂・泥） かぢ（梶・鍛冶）に
錑(ねぢ) 紅葉(もみぢ) 藤(ふぢ)

［ずの歌］

鵙(もず) 蚯蚓(みみず) 髻華(うず) 数(かず) 疵(きず)に 葛(くず) 矢筈(やはず) 必(かなら)ず 鼠(ねずみ) 鈴(すず)になずらふ

［わの歌］

神酒(みわ) 鰯(いわし) 轡(くつわ) 廓(くるわ)に 慈姑(くわゐ) 泡(あわ) 声音(こわね) 諺(ことわざ) 埴輪(はにわ) 腸(はらわた)
皺(しわ) 撓(たわ)み 理(ことわり) 弱(よわ)く いわけなし 惶(あわ)て 噪(さわ)ぐな 乾(かわ)く 爽(さわや)か

［をの歌］

男女(をとこをみな) 夫(をつと) 一昨日(をととひ) 甥(をひ) 少女(をとめ) 荻(をぎ) 桶(をけ) 斧(をの)に 獺(をそ) 鰧(をこぜ) 鴛(をし)

教(をしへ) 踊(をどり) 叫(をめ)き 戦(をのの)く 折(を)り 終(をは)り 痴(をこ) 遠(をち) 大蛇(をろち) 岡(をか) 長(をさ)の諸字

竿(さを) 操(みさを) 澪(みを) 魚(うを) 功(いさを) 十(とを) 青(あを)し 栞(しをり) 萎(しを)るる 薫(かを)る たをや女(め)

［ふの歌］

扇(あふぎ) 仰(あふ)ぐ 葵(あふひ) 樗(あふち)に 近江(あふみ) 障泥(あふり) 倒(たふ)る 貴(たふと)し 啞(おふし) 昨日(きのふ) 今日(けふ)

［うの歌］

詣(まう)で 申(まう)す 首(かうべ) 被(かうむ)り 畳紙(たたうがみ) 手水(てうづ) 賓(まらうど) 箒(はうき) 蝙蝠(かうもり)

事(つかうまつ)る　候(さうらふ)　直衣(なうし)　香(かうば)しく　八日(やうか)　漸(やうや)く　設(まう)け　葬(はうむ)る

［ゐの歌］

井戸(ゐど)　堰(ゐせき)　田舎(ゐなか)　猪(ゐのしし)　蠑螈(ゐもり)　藍(あゐ)　藺草(ゐぐさ)　紅(くれなゐ)　慈姑(くわゐ)　紫陽花(あぢさゐ)

居(ゐ)る　参(まゐ)る　率(ひき)ゐる　位(くらゐ)　基(もとゐ)　地震(なゐ)　臀(ゐしき)に　膝行(ゐざり)　乞食(かたゐ)うなゐ児(ご)

［いの歌］

幸(さいは)ひに　次(つい)で　啄(ついば)み　濃(こ)い　白(しろ)い　老(お)い　悔(く)い　報(むく)い　ついに　鷂(はいたか)

笄(かうがい)に　松明(たいまつ)　灸(やいと)　刃(やいば)　棹(かい)　吹革(ふいご)　朔(ついたち)　築地(ついぢ)　小槌(さいづち)

［ゑの歌］

笑(ゑ)む　ゑぐし　酔(ゑ)ひ　彫(ゑ)り　刳(ゑぐ)る　靨(ゑくぼ)　餌(ゑ)　絵(ゑ)　杖(つゑ)　末(すゑ)　梢(こずゑ)　机(つくゑ)　声(こゑ)　故(ゆゑ)

［えの歌］

鵺(ぬえ)　栄螺(さざえ)　稗(ひえ)　笛(ふえ)　轅(ながえ)の柄(え)　干支(えと)の兄(え)　甲(きのえ)　蘖(ひこばえ)　萌黄(もえぎ)　梅(うめ)が枝(え)

世界の言語の中には、一般に女の言葉はよい言葉だ、と思はれてゐるものが多いさうです。

言語学の入門書で見たことがありますが、例へばアメリカ・インディアンの言語の一つグロ・ヴァント語では、男の言葉ではギャツァといふやうな発音になるパンの意味の語が、女言葉ではキャツァといつた発音になる。男のギャに女のキャがきれいに対応してゐるのださうです。

やはりアメリカ・インディアンの言語コアサティ語などでも、大きな男女差があつて、発音だけではなく特定の動詞については語形そのものが違つてゐたりする。

そしてこれらの言語の話し手の間では女の言葉がよい言葉だと思はれてゐるのだが、それはいはゆる先進国の言語とも一致するのださうです。

先進国の言語といふのは例へば英語などですが、英語でも女の言葉の方がよい言葉だと思はれてゐるさうです。例へばウォーキング（walking）の-ingの部分は、グの音も現れるのが標準的な発音で、それが現れずただウォーキンとなるのは程度の低いものとされてゐるわけですが、男女を比べると女の方がはるかにウォーキンの比率が低い。

標準的なホワイトカラーの階層で、ウォーキンの率が男は二十七％、女は三％、といつた調査もあるやうで、社会的な階級が高い階層の発音に従ふ者が女性に圧倒的に多いわけです。

ところがここに非常に面白いことがある。この「よい言葉」といはれるものはすべて、昔からの「古い言葉」だといふのです。標準的で正確な、「正しい言葉」「よい言葉」と意識されてゐるものは全部、古い伝統的な言葉である……。

ちよつと例に挙げたグロ・ヴァント語だのコアサティ語だのの場合でも、よい言葉だと感じられてゐる女の言葉が、古風な形をとどめてゐることがわかつてゐて、これはアメリカ・インディアンの場合でもカリブでもモンゴルでも、英語でもフランス語でもまつたく同じださうです。考へてみれば日本語の場合もその通りになつてゐます。

日本語は、男女差は非常に少ない言語で、男女間の発音の相違に音韻対応が見られるとか、動詞変化の型が違つてゐるとか、そんなことは一切ありません。しかしそれでも私たちは、男女の言葉は結構違ふやうに感じてゐる。

その違ひはふつう、女性がよく使ふ感嘆詞や終助詞について意識されることが多いやうです。「まあ、すてきだわ」「あら、あたしもさうなのよ」といつた種類のものですが、それはたしかに相違には違ひないけれども日本語に見られる本当の男女差はさういふところよりもちよつと別のところにあります。

つまり、女性は伝統的な言葉を使ふ。日本女性は男に比べて古来の日本語、やまとことばを多く使ふ、といつた点です。

女性は「両者間の見解の相違が顕著だわね」といふ具合には言はない。「ふたりは考へかたがおほきく違ふわね」といふふうに言ふ。

「考へかた」と言ひ「おほきく」と言ひ「違ふ」と言ふ。これはまさに、日本民族固有の、太古以来の語であつてつまりは「古い言葉」です。これは自然な会話を録音した調査からもはつきり言へるやうで、調査によれば、男が漢語を使ふ率は二十・八%、女は十四・九%ださうです（『日本語百科大事典』大修館書店）。漢語はもちろん古い言葉ですが外国語ですから、日本人にとつては新来の新語なのです。

自分らの言葉を母国語、母語とはよく言つたもので、女性、母親が伝統的な民族語を使つてくれるものだからわれわれはその民族になれるのだ、と言つてもいいでせう。これは実にありがたいことです。相違が顕著だわね、には私たちは魂を感じ取ることができない。あへて言えば「言霊(ことだま)」といふべきものが感じられません。

そこで本書の主題、旧かな、歴史的仮名遣の件です。歴史的仮名遣は、まさにさういふ古くからの、言霊のこもつた、民族固有の語について強く関はるものであつて、外来語についてはそれほど気にしなくて構ひません。

よい言葉と感じられる古くからの言葉、伝統的な言葉、さういふものを支へ、形を整へ、結果として私たちを健康に育ててくれる。それが歴史的仮名遣に乗つてゐる、あるいは映じてゐる日本語である、といふふうに言つてよいでせう。

ところで言霊などと言ふと、なにか神がかりのやうでピンとこない人も多いだらうと思ひますが、なにも特別なことを言つてゐるわけではない。私たちは例へば愛を告白するときには「愛の感情を抱懐してゐる」などとは言はず「きみが好きだ」「わたしも好きよ」

といふ具合に、主にやまとことばを使ふことが多いだらうと思ひます。つまりこつちの方が実感がこもるのです。

この、実感がこもる、といふ事実を「言霊」と言つてみただけのことです。言葉には霊的な力がこもつてゐるといつた感じ方は世界中どこにもあるやうですが、わかりやすい現れ方としては言葉のタブーがあります。

南アフリカのズールー語を話す人たちの世界では、妻が舅や舅の兄弟の名前を口にしてはならず、もし口にしたら殺されることもあるといひます。イギリス人も例へば妻の親、夫の親に対する呼びかけでは非常に困るのださうです。ユーひとつで間に合ふ合理的な言葉だなんて言ふ人がありますがとんでもない。日本人である読者のあなたも、自分の父親と夫の父親とが同席した場では呼び分けに苦労するのではありませんか。とうちやん、お父さま、なんてやつてゐますか。

ここあたりどうも、われわれもイギリス人やズールー語の人たちとそんなに違ひはないやうです。

英語学者渡部昇一氏が「日本語について」といふ論文で述べてをられますが、英語の文献でも知的散文ではラテン語系の単語が多く、それに反して、イギリス人の、魂に近い詩などでは圧倒的にゲルマン系の語が多くなるのださうです。例へばメイスフィールドの「海へのあこがれ」を見て数へてみたところ、第一連に使はれた五十六語中、ラテン系のものはたった一語、しかもそれは face（顔）といふ、ほとんど土着語としか感じられない単語だけだつたといふことです。

渡部氏は、「われは海の子」も思ひ出してみたら、第一連に外来語はひとつもなく、また、国歌の次に有名ではないかと思はれる高野辰之「故郷（ふるさと）」は、三連を通じてひとつの外来語もない、と言つてをられます。

兎追ひし　かの山
小鮒釣りし　かの川
夢は今もめぐりて
忘れがたき故郷

以下三連です。

まさに、なるほど、と言ふしかありません。

かくて歴史的仮名遣は、豊かな情緒を乗せて例へば「兎追ひしかの山」となり、また例へば「卯の花の匂ふ垣根に」と花開くのです。そしてもちろん、この歴史的仮名遣の構造的な論理性の中に身を置くことによつて、大脳が心地よく刺激され活性化する、とマア、いふ「効能書き」となるわけです。

このたび私が全面的にお世話になつた小木田順子さんは、敏腕の恐るべき編集者らしいのですが、私の前ではあくまで優しく、「よい言葉」を使ふまさに「言霊」に溢れた人でした。おかげでこんな本ができたのは私の幸運と言ふしかありません。どうもありがたうございました。

萩野貞樹

平成十九年七月七日

著者略歴

萩野貞樹
はぎのさだき

昭和十四年秋田県生まれ。一橋大学卒業。元産能大学教授。

専門の国語学のほか、和歌論、神話論、日本語系統論など幅広い分野で執筆活動を行ふ。

敬語の用法を独自の視点で分析した「ハギノ式敬語論」は、「正しい敬語がすぐ使へるやうになる」と高く評価されてゐる。

著書に『旧かなを楽しむ』『旧かなと親しむ』（以上、リヨン社）、『ほんとうの敬語』『歪められた日本神話』（以上、PHP新書）、『舊漢字――書いて、覺えて、樂しめて』（文春新書）などがある。

幻冬舎新書 048

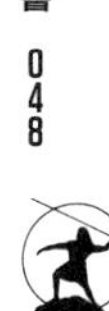

旧かなづかひで書く日本語

二〇〇七年七月三十日　第一刷発行
二〇一九年八月 十 日　第五刷発行

著者　萩野貞樹
発行者　見城 徹
編集人　志儀保博
発行所　株式会社 幻冬舎
〒一五一-〇〇五一 東京都渋谷区千駄ヶ谷四-九-七
電話 〇三-五四一一-六二一一(編集)
〇三-五四一一-六二二二(営業)
振替 〇〇一二〇-八-七六七六四三
ブックデザイン 鈴木成一デザイン室
印刷・製本所 株式会社 光邦

JASRAC出0708555-905

Printed in Japan ISBN978-4-344-98047-1 C0295
は-1-1

幻冬舎ホームページアドレス https://www.gentosha.co.jp/
*この本に関するご意見・ご感想をメールでお寄せいただく場合は、comment@gentosha.co.jp まで。

幻冬舎新書

清水良典
2週間で小説を書く！

画期的！　小説の楽しみと深さを知り尽くした文芸評論家が考案した14のプログラムを実践することによって、確実に小説を書く基礎である文章力、想像力、構想力を身につけることができる本!!

日垣隆
すぐに稼げる文章術

メール、ブログ、企画書etc．元手も素質も努力も要らない。「書ける」が一番、金になる——毎月の締切50本のほか、有料メルマガ、ネット通販と「書いて稼ぐ」を極めた著者がそのノウハウを伝授。

三浦佑之
金印偽造事件
「漢委奴國王」のまぼろし

超一級の国宝である金印「漢委奴國王」は江戸時代の半ばに偽造された真っ赤な偽物である。亀井南冥を中心に、本居宣長、上田秋成など多くの歴史上の文化人の動向を検証し、スリリングに謎を解き明かす！

早坂隆
兵隊万葉集

「支那兵の　死に浮く水を　汲み上げて　せつなけれども　呑まねばならず」戦争で人生を翻弄された一兵卒たちの素顔が映し出される戦場短歌。教科書では教えない当時を生きた者たちの真の声とは？